日本国際経済学会編

国際経済　第66巻

新段階を迎えた日本のグローバル化―課題と展望―

日本国際経済学会研究年報

2015

目　次

第 73 回全国大会　　共通論題
新段階を迎えた日本のグローバル化—課題と展望—

　メガ FTA の潮流と日本の通商戦略の課題 ………………馬田　啓一（ 1 ）
　　　コメント……………………………………………………柴山　桂太（31）
　少子高齢化時代における外国人労働者受入れ政策の
　経済学的分析……………………………………………………後藤　純一（35）
　　　コメント……………………………………………………多和田　眞（61）
　我が国経常収支の長期的変動と短期的変動：1980–2014
　　……………………………………………………………………松林　洋一（65）
　　　コメント……………………………………………………佐藤　清隆（91）

会報

日本国際経済学会第 73 回全国大会　95
日本国際経済学会第 5 回春季大会　101
会員総会の議事と決定　104
役員名簿　109
役員の業務分担　111
各支部の活動報告　113
　関東支部　113
　中部支部　114
　関西支部　115
　九州・山口地区研究会　117
本部・各支部事務局所在地　119
日本国際経済学会　会則　121
「役員・本部機構」内規　124
「常任理事・理事の職務分担」内規　129

「出版委員会の役割」内規　131
「投稿論文審査」内規　132
「選出理事選考」内規　133
「全国大会運営」内規　134
「会員資格」内規　136
「日本国際経済学会小島清基金の運営」　137
廃止された内規等の記録　139

共通論題

メガFTAの潮流と日本の通商戦略の課題

杏林大学　馬田　啓一

要旨

　加速するサプライチェーンのグローバル化に伴い，これまでの枠を超えた21世紀型の貿易ルールが求められている。WTOドーハ・ラウンドの停滞によって，そのルールづくりの主役は今やWTOでなく，メガFTAである。日本は，TPP，RCEP，日EU・FTAなどのメガFTAを通じて，積極的にルールづくりに参画すべきである。本報告では，メガFTA交渉の現状と課題を検証し，新たな通商秩序を展望しつつ，日本が目指すべき21世紀型の通商戦略について論じる。

キーワード：通商戦略，メガFTA，WTO，21世紀型貿易

はじめに

　WTO（世界貿易機関）は，2014年7月末に予定していた貿易円滑化協定の採択を断念した。新政権に代わったインドが，土壇場になって反対したからだ。ポスト・バリ合意に暗雲が漂い始めている。WTO離れとメガFTA（自由貿易協定）の潮流が一段と加速しそうだ。
　企業による国際生産ネットワークの拡大とサプライチェーンのグローバル化に伴い，これまでの枠を超えた21世紀型の貿易ルールが求められている。そのルールづくりの主役は今やWTOでなく，メガFTAである。
　日本の通商戦略にとって今が正念場だ。TPP（環太平洋パートナーシップ），RCEP（東アジア地域包括的経済連携），日EU・FTAなど，日本が参加

する3つのメガFTA交渉が2015年には重要な局面に差し掛かる。

メガFTAの中で最も先行しているのはTPP交渉である。TPPは高度で包括的な21世紀型FTAを目指す。しかし，関税撤廃や知的財産権，国有企業規律などセンシティブな問題をめぐり交渉参加国間の溝が埋まらず，いまだ着地点を見出すまでには至っていない。オバマ政権は2014年末妥結を目指していたが，11月の米議会中間選挙の影響もあって，越年となった。

日本のメガFTA戦略はワンセットで捉えなければならない。そもそも日本のTPP交渉参加が，中国やEUを刺激しRCEPや日EU・FTAの交渉開始につながった。TPP交渉の動きは他のメガFTA交渉にも影響する。もしTPP交渉が漂流すれば，TPPをテコに日本がメガFTAの交渉で主導性を発揮するという通商戦略のシナリオも崩れかねない。

アジア太平洋地域はメガFTAの主戦場となった。米主導のTPPによる中国包囲網を警戒した中国は，対抗策として，RCEPの実現に向けた動きを加速させている。米中の角逐が激しさを増すなか，TPPとRCEPが，やがてより広範なFTAAPに収斂する可能性はあるのだろうか。

メガFTAの動きはアジア太平洋地域にとどまらない。2013年にはRCEPのほかに，日本とEUのFTA交渉と米EU間のTTIP（環大西洋貿易投資パートナーシップ）交渉が相次いで始動した。この2つは先進国同士のメガFTAであるという点で，その影響力は大きい。

TPPだけでなくTTIPや日EU・FTAにも，中国包囲網が拡がろうとしている。中国の国家資本主義とは相容れない21世紀型貿易のルールづくりを目指すTPP，TTIP，日EU・FTAの3つのメガFTAに対して，中国は警戒を強めている。21世紀型貿易のルールは，果たして中国を囲い込むことができるのか。

以上のような問題意識を踏まえ，本稿では，TPP，RCEP，日EU・FTA，TTIPを中心にメガFTA交渉の現状と課題を検証し，メガFTAがもたらす新たな通商秩序とWTOの将来を展望しつつ，日本が目指すべき21世紀型の通商戦略について論じたい。

1. 加速するWTO離れ：ポスト・バリ合意に暗雲

2001年に始まったWTOのドーハ・ラウンドが迷走している。当初，農業，鉱工業，サービス，貿易円滑化，ルール，知的財産権，開発，環境の8分野を対象に交渉が行われたが，先進国と途上国の利害対立が解けず度々決裂，ついに膠着状態に陥った。このため，2011年12月のWTO閣僚会議（ジュネーブ）で，全分野の包括合意を断念し，比較的交渉が進んでいる分野での部分合意を目指すことになった。

これを受けて，2013年12月にインドネシアのバリで開かれた第9回WTO閣僚会議（以下，MC9）で，ドーハ・ラウンドの3分野（貿易円滑化，農業の一部，開発）に限った部分合意（バリ・パッケージ合意）が成立した。

だが，WTOのアゼベド新事務局長が一旦は2013年11月の一般理事会で部分合意の交渉失敗を宣言するほど，交渉は難航した。農業分野（食糧備蓄，輸出補助金，関税割当）が最大の争点となった。

とくに揉めたのが，食糧備蓄のための農業補助金の扱いである。補助金で食糧を備蓄して貧困層に配給する措置について，WTO農業協定の対象外とするよう要求するインドと，協定違反だと主張する米国が激しく対立。2017年のWTO閣僚会議までの4年間はWTO紛争解決の対象にしないという「平

表1　WTO交渉の経緯

2001年11月	閣僚会議（カタール・ドーハ）で新ラウンドの交渉開始に合意
2008年 7月	非公式閣僚会合（ジュネーブ），米印の対立により合意寸前で決裂
2011年12月	閣僚会議（ジュネーブ）で8分野の包括合意を断念，部分合意を目指すことで一致
2013年12月	閣僚会議（インドネシア・バリ）で貿易円滑化，農業の一部，開発の3分野について部分合意
2014年 7月	貿易円滑化協定の採択を断念
11月	同協定を採択。ドーハ・ラウンドの残る分野の交渉計画づくりを，当初の12月末から15年7月末まで延期

（資料）筆者作成。

和条項」を盛り込むことで合意が得られたかに見えたが，2014年に総選挙を控えていたインドは農業補助金の恒久的な措置を求め，この案を拒否。妥協点を探る交渉の末，結局，特例として恒久的な措置を講じるまでは現状を維持するという「玉虫色の解決」となった。

バリ合意は，WTO発足後初の協定となる貿易円滑化協定について，全加盟国の合意を得たという点で画期的なものだった。貿易円滑化は，通関手続きを簡素化し，透明性を高めることを目指したものである。

貿易円滑化をめぐる交渉では，途上国が貿易円滑化の履行に際して先進国から資金や技術の支援を受ける代わりに，法的拘束力のある義務を負うかどうかが焦点となった。結局，2013年11月，LDC（後発途上国）グループが，貿易円滑化の支援負担や義務協定で大筋合意を発表，これが難航する交渉の潮目を変えた。

LDCグループが妥協した背景には，バリ合意が成立しなければ，WTOからFTAへのシフトが一段と加速し，FTAに参加できない途上国が完全に取り残されることへの危機感もあった。メガFTA交渉が進むなかで，とくに途上国の間でWTOを重視し，マルチの成果を望む声が高まった。

WTO交渉の今後の見通しについて，バリ閣僚宣言では，WTO事務局が2014年12月までにドーハ・ラウンドの残された交渉分野に関する作業計画を作成するとされ，ドーハ・ラウンドの再活性化に向けた機運が高まることへの期待も膨らんだ。しかし，それもつかの間，それに冷や水をかけるような事態が起きた。

WTOの貿易円滑化協定を2014年7月末までに一般理事会で採択する予定であったが，土壇場になって農業補助金の扱いを蒸し返したインドの反対で，採択を断念したからだ[1]。5月に発足したインドのモディ新政権は，「2017年までの暫定措置」を受け入れたシン前政権の方針を撤回し，採択の見返りとして農業補助金の恒久化を強硬に要求し，先進国の説得にも応じなかった。

結局，交渉全体が機能マヒに陥る事態となったため，米国がインドに譲歩

---

[1] 日本経済新聞（夕刊）2014年8月1日付。

し，ようやく11月下旬に採択の運びとなった。だが，WTO加盟国は部分合意すら容易には実現できなくなったことに，危機感を強めている。特定の国が強硬な主張を続けると合意が危うくなる「全会一致の原則」に基づくWTO交渉の難しさが，改めて浮き彫りとなった。

ポスト・バリ合意に暗雲が漂い始めた。ドーハ・ラウンドの行方は再び不透明さを増している。WTOより比較的容易なFTAの交渉に向かう各国の流れはそう簡単には変わらないであろう。通商秩序の新たな力学は，TPP，RCEP，日EU・FTA，TTIPなど，メガFTAを中心に動き始めている。主要国は，これらメガFTAへの参加を最優先とする通商戦略へと大きく舵を切っている。

2. 21世紀型貿易とメガFTA：サプライチェーンのグローバル化

メガFTA締結に向けた動きの背景には，加速するサプライチェーンのグローバル化がある。エレクトロニクスと自動車など日本の製造業における東アジアへの生産拠点の移転に伴い，東アジアではサプライチェーンのグローバル化が急速に進展している。

企業のグローバル化が進むなか，今や原材料の調達から生産と販売まで，サプライチェーンの効率化が企業の競争力を左右する。これが「21世紀型貿易」（21st century trade）の特徴である[2]。21世紀型貿易は，企業による国

表2　メガFTAの世界経済に占める位置付け（2012年）　（単位：％）

	APEC（FTAAP）	TPP	RCEP（ASEAN+6）	日EU	TTIP（米EU）
世界人口に占める構成比	40.1	11.4	49.0	9.1	11.8
世界経済に占める構成比	57.5	38.4	29.5	31.4	45.0
域内貿易比率	65.8	42.0	43.2	57.4	55.0
日本との貿易額（輸出入）	70.5	27.5	46.6	9.8	22.6
日本からの直接投資残高	62.6	41.7	30.8	22.9	50.4

（資料）ジェトロ。

際生産ネットワークの進展によって，貿易と投資の一体化が進み，これまでの枠を超えた新たな貿易ルールを必要としている。

21世紀型の貿易ルールは，サプライチェーンの効率化を通じて，企業が迅速かつ低コストで製品を生産できるようにすることが求められている。この結果，21世紀型貿易においては，企業の国際生産ネットワークの結びつきを妨げる政策や制度はすべて貿易障壁となった。ルールの重点は，国境措置（on the border）から国内措置（behind the border）へシフトしている。

サプライチェーンの効率化を可能にするため，サプライチェーンを構成する国について，「WTOプラス」のルール，例えば，財やサービスの貿易円滑化，投資の自由化・保護，知的財産権保護，競争政策，政府調達，規制の調和など，広範囲にわたるルールが求められるようになった。

そうしたなか，サプライチェーンの拡大に伴い，2国間FTAの限界が明らかとなってきた。2国間FTAでは，サプライチェーンが展開される国の一部しかカバーされない。サプライチェーンをカバーするために複数の2国間FTAを締結しても，「スパゲティ・ボウル現象」と呼ばれるようなルールの不整合が起きてしまう。2国間FTAごとに原産地規則が異なれば，企業にとっては使い勝手が悪いものとなる。

メガFTAによって原産地規則が統一され，かつ，域内での「累積」が認められれば，原産地証明がかなり容易となる。これにより，企業が域内全域にサプライチェーンを拡げることが可能になる。

サプライチェーン全体をカバーするには，メガFTAが必要だ。メガFTAへの参加によって，企業はグローバルなサプライチェーンの範囲を拡げることが可能となり，まさに網の目のように国際生産ネットワークの拡大が容易となる。サプライチェーンの効率化・最適化という点から見ると，「地域主義のマルチ化」（multilateralizing the trade regionalism）が進み，2国間FTAを包含する広域のメガFTAができ，ルールが収斂・統一されていくことのメリットは極めて大きい。

[2)] Baldwin（2011）。

3. アジア太平洋の新通商秩序：TPPとRCEP

(1) 正念場のTPP交渉：妥結か，漂流か

　TPP交渉は，現在，日本を含む12カ国により21分野について行われている。交渉を主導するのは米国だ。米政府はTPPを「21世紀型のFTAモデル」と位置付けて，極めて高度で包括的なFTAにしようとしている。TPP交渉は，関税撤廃のほか，「WTOプラス」のルールづくりを目指し，サービス，投資，知的財産権，競争政策，政府調達，環境などのほか，従来のFTAでは検討されなかった分野横断的事項（規制の調和，サプライチェーンの効率化など）も追加されている。TPPのルールが，アジア太平洋地域における新たな通商秩序となる可能性が高い。

　TPP交渉はいくつもの厄介な争点に直面している。現在，とくに交渉が難航している分野は，物品市場アクセス，知的財産権，競争政策，環境の4分野とされる。まず，物品市場アクセス分野では，関税撤廃がどうなるかは予断を許さない。日本に限らず，センシティブ品目を抱えている交渉参加国は多い。

　それでも日本を除く参加国は，2013年7月のブルネイ会合で，段階的に関税を撤廃し最終的に100％の自由化率を達成するとの合意に達しているが，途中から交渉に参加した日本は，農産物5項目（コメ，麦，牛・豚肉，乳製品，砂糖）の関税維持を主張し，対立が続いている。最終的に一部のセンシティブ品目について10年超の期間による関税撤廃や関税割当（一定の輸入枠までは無税であるが，枠の上限を超えると高関税を課す）などの例外的な措置を認めるのかが，交渉の焦点となっている。

　一方，TPPのルールづくりでは米国と他の参加国の対立が先鋭化している。知的財産権の分野では，WTOのTRIPS（知的所有権の貿易関連側面）プラスの規定づくりを狙う米国が，映画などの著作権の保護期間を70年に延長することを要求するのに対し，新興国は著作権料の負担増を懸念して反対。さらに，米国は新薬開発を促すため医薬品の特許期間，データ保護期間

表3 TPP交渉の21分野

(1)	物品市場アクセス（工業，繊維・衣料品，農業）	×	(11)	商用関係者の移動	○
(2)	原産地規則	△	(12)	金融サービス	△
(3)	貿易円滑化	○	(13)	電気通信サービス	○
(4)	SPS（衛生植物検疫）	○	(14)	電子商取引	○
(5)	TBT（貿易の技術的障害）	○	(15)	投資	△
(6)	貿易救済（セーフガード等）	○	(16)	環境	×
(7)	政府調達	△	(17)	労働	△
(8)	知的財産権（国有企業規律）	×	(18)	制度的事項	○
(9)	競争政策	×	(19)	紛争解決	○
(10)	越境サービス	△	(20)	協力	○
			(21)	分野横断的事項	○

（注）○：ほぼ決着，△：決着近い，×：難航（2014年11月10日現在）
（資料）経済産業省資料・日本経済新聞により，筆者作成。

の延長も要求しているが，マレーシアなど新興国は特許が切れた安価な後発薬（ジェネリック医薬品）の製造が妨げられると猛反発している。

競争政策分野では，国有企業と民間企業の対等な競争条件の確立を要求する米国に対して，国有企業の存在が大きいベトナム，マレーシアなどが反対。だが，国有企業に対する補助金や優遇措置などの規律について，米国は中国を仮想対象国にしているため強硬姿勢を崩していない。

政府調達分野では，WTO政府調達協定並みか，それともそれを上回るレベルにするかが争点となっている。とくに地方政府による調達も対象に含めるかをめぐり対立が見られる。マレーシアはブミプトラ政策（マレー人優遇）の存廃にかかわるため，中央政府の調達についても市場アクセスを認めておらず，米国と激しく対立している。

投資分野では，米国が投資家保護のためにISDS条項（Investor-State Dispute Settlement：投資家対国家の紛争処理手続き）の導入を主張している。投資家が投資受入国の不当な政策によって被害（財産権の剥奪，それと同等な措置）を受けたとき，国際仲裁機関に提訴できるという条項だが，米企業による濫訴を恐れる豪州などがこれに反対している。

環境の分野では，貿易投資の促進のため環境基準を緩和する，いわゆる「底辺への競争」を阻止するため，高い基準を米国が要求。数ある国際的な環境協定をTPPの協定文にどう盛り込むか，規定の実効性を担保するために紛争解決の対象とするかどうかで新興国と対立している。

　原産地規則の分野では，繊維製品について締約国の原糸を使用しなければ原産地証明を受けられないという「ヤーン・フォワード（yarn forward）・ルール」の採用を主張する米国に対し，中国産の原糸を輸入するベトナムが反発している。

　以上のように，TPP交渉において米国の提案・要求に新興国が強く反発するという対立の構図が目立っている。難航しているTPP交渉だが，今後の交渉の成否を決めるカギは，米国がハードルの高さをどう設定するか，つまり，どこまで柔軟な姿勢をとれるかだ。

　米産業界と議会（業界と関係の深い議員たち）は高いレベルのTPPにするために安易な妥協はしないようUSTR（米通商代表部）に圧力をかけている。しかし，強硬姿勢を貫きハードルを高くしたままであれば，TPP交渉は着地点が見いだせず，漂流の可能性が高まる。かといって，妥結を急ぎハードルを低くし過ぎれば，米産業界・議会の反発は必至，米議会によるTPP批准は絶望的となる。これがオバマのTPPジレンマである。

　TPP交渉は正念場を迎えている。交渉参加12カ国は2014年中の妥結を目指したが，関税撤廃や知的財産権，国有企業規律などセンシティブな問題をめぐる対立が解消されず，結局，越年となった。

　最大の原因は，日米関税協議の停滞にある。2014年4月の日米首脳会談が大きなヤマ場とされたが，大筋合意には至らなかった。焦点の農産物5項目の取り扱いについては，①コメ，麦，砂糖は現行の関税は残すが，コメと麦については米国向けの無税輸入枠を拡大・新設する，②牛肉・豚肉と乳製品は10年以上かけて関税を大幅に引き下げるが，その代わりに輸入量が急増した際に発動する緊急輸入制限措置（セーフガード）を導入する，という方向で調整が進んだ。しかし，豚肉については，安い豚肉ほど高い関税をか

ける「差額関税制度」の見直しと関税の引き下げ幅で、日米の主張にまだ開きがある。関税率、猶予期間、セーフガードの発動条件、無税輸入枠の4つの変数を組み合わせた「方程式」を日米で共有、妥協点を探っている。

他方、米国は自動車関税の早期撤廃には消極的で、事前協議で農産物も含めた全品目のうち最も長い期間で撤廃することですでに決着済みであるとして、譲歩する考えはない。逆に、並行協議の枠組みで、米国は一定台数の米国車を日本にそのまま輸出できるように日本の安全・環境基準などの緩和を求めてきており、日本が強く反発している。

21世紀型の新たな貿易ルールづくりを先導すべき立場の日米が、20世紀型の関税撤廃といった次元で対立しているのは何とも情けない。日米の関税協議が難航しているため、TPP交渉の先行きは不透明さを増している。新興国は、日米協議の着地点を見極めてからカードを切る考えである。

オバマ政権は、11月のAPEC北京会合をめどに大筋合意を目指したが、米議会中間選挙の影響もあって空振りに終わった。知的財産権や国有企業規律などルールの交渉で米国と新興国との溝は埋まっておらず、落としどころは見えていない。

中間選挙は上下両院とも野党の共和党が制したが、TPP交渉への影響は不透明である。レームダック（死に体）のオバマ政権に、交渉妥結の勝算はあるのか。労働組合が支持基盤の民主党と違って、共和党には伝統的に自由貿易推進派が多いので、その意味では、共和党勝利はTPPにとって追い風かもしれない[3]。共和党上院のマコネル院内総務は、オバマ政権には是々非々で対応し、財政と貿易自由化には協力すると言っている。共和党支配によって、議会では塩漬けのTPA（貿易促進権限）法案の審議が加速するとの見方も多い。上下両院で可決すれば、TPP交渉に弾みがつく。

レガシー（政治的遺産）が欲しいオバマの踏ん張り次第だが、議会との協調と対立、どちらの路線を選ぶのか。政府と議会のねじれを克服できなけれ

---

[3] ただし、保守的な草の根運動「ティーパーティ（茶会）」の支持を受けた議員はTPPに反対である。

ば,「決められない政治」がますます深刻化する。いずれにしても,2016年の米大統領選挙を控え,2015年半ばまでに決着しないとTPP交渉は漂流しかねない。

TPP交渉が妥結しても,TPPが発効するためには米議会で批准されなければならない。TPP批准法案の可決には超党派の支持が必要だ。このため,2013年3月,オバマ政権が2007年7月に失効した貿易促進権限(TPA:Trade Promotion Authority)の復活に向けて議会との協議を始めた。TPAは「ファースト・トラック(fast track)」とも呼ばれ,政府が協定について一括・無修正の承認を議会に求める権利である。TPAが失効していても米政府は交渉に臨めるが,TPP交渉を妥結させても米議会で部分修正される恐れがあるため,TPAの復活は不可欠である。

2014年1月,米議会の超党派議員によってTPA(この正式名称は,Trade Properties Act of 2014)法案が提出された。しかし,労働組合を支持基盤とする民主党は,これまで自由貿易には否定的であり,TPA復活にも積極的だったとは言えない。TPA法案が提出されるとすぐ,民主党上院のリード院内総務は米議会中間選挙を睨んで,TPA法案に反対を唱えた。このため,議会でのTPA法案の審議はほとんど進展が見られなかった。

オバマ政権は当初,高いレベルのTPP交渉合意によりTPA法案を成立させたあとに,TPP批准法案を成立させるというシナリオを考えていた。しかし,共和党は一貫してTPA法案が成立する前のTPP交渉の合意は認めない方針である。したがって,オバマとしては,自由貿易に前向きな共和党の協力を取りつけて,2015年1月から始まる新議会からTPAを獲得し,それによってTPP交渉に弾みをかけ,2015年前半にはTPP交渉を妥結させたいところだ。果たして思惑通りにいくだろうか。TPP交渉が漂流すれば一番喜ぶ国はどこか,言うまでもなかろう。

(2) TPPとRCEPをめぐる米中の角逐

米国はTPPを通じて中国の「国家資本主義」(state capitalism)と闘うつも

りである。市場原理を導入しつつも政府が国有企業を通じて積極的に市場に介入するのが，国家資本主義である。

　米国の狙いは，中国も含めて TPP 参加国を APEC 全体に広げることにある。国有企業が多く貿易障壁の撤廃も難しい中国が，今後，ハードルの高い TPP に参加する可能性はあるのか。APEC 加盟国が次々と TPP に参加し，FTAAP（アジア太平洋自由貿易圏）と呼ぶにふさわしい規模になれば，中国は参加を決断するかもしれない。注目すべき点は，FTAAP の実現によって最も大きな利益を受けるのは，米国ではなく中国である（表4参照）。

　2013年9月に設立された中国（上海）自由貿易試験区は，中国が将来の TPP 参加の可能性を強く意識し始めていることの表れだ[4]。勿論，中国が今

表4　主要国に与える TPP，RCEP，FTAAP の経済効果
（2025年の GDP 増加額，カッコ内は増加率，単位10億ドル，％，2007年基準）

	TPP12		TPP16		RCEP		FTAAP	
米国	76.6	(0.38)	108.2	(0.53)	-0.1	(0.00)	295.2	(1.46)
日本	104.6	(1.96)	128.8	(2.41)	95.8	(1.79)	227.9	(4.27)
中国	-34.8	(-0.20)	-82.4	(-0.48)	249.7	(1.45)	699.9	(4.06)
韓国	-2.8	(-0.13)	50.2	(2.37)	82.0	(3.87)	131.8	(6.23)
ASEAN	62.2	(1.67)	217.8	(5.86)	77.5	(2.08)	230.7	(6.20)
シンガポール	7.9	(1.90)	12.3	(2.97)	2.4	(0.58)	18.1	(4.37)
ベトナム	35.7	(10.52)	48.7	(14.34)	17.3	(5.10)	75.3	(22.15)
マレーシア	24.2	(5.61)	30.1	(6.98)	14.2	(3.29)	43.5	(10.09)
タイ	-2.4	(-0.44)	42.5	(7.61)	15.5	(2.79)	30.0	(5.38)
フィリピン	-0.8	(-0.24)	22.1	(6.88)	7.6	(2.35)	17.4	(5.42)
インドネシア	-2.2	(-0.14)	62.2	(4.02)	17.7	(1.14)	41.3	(2.67)
豪州	6.6	(0.46)	9.8	(0.68)	19.8	(1.38)	30.1	(2.10)
NZ	4.1	(2.02)	4.7	(2.36)	1.9	(0.92)	6.4	(3.16)
インド	-2.7	(-0.05)	-6.9	(-0.13)	91.3	(1.74)	226.2	(4.32)

（注）TPP12 は現在の交渉参加国，TPP16 は韓国，タイ，フィリピン，インドネシアが参加。
（資料）P.A. Petri, M.G. Plummer, *ASEAN Centrality and ASEAN-US Economic Relationship*, East-West Center, 2013 より，筆者作成。

---

[4] 江原（2014）。

すぐTPPに参加する可能性は極めて低い。TPPと中国の国家資本主義とは大きくかけ離れており，その溝を埋めることは非常に困難と見られるからである。溝を埋めるためには，TPPのルールを骨抜きにするか，中国が国家資本主義の路線を放棄するか大幅に修正するしかない。しかし，そのどちらも難しい。

　米国としては，中国抜きでTPP交渉を妥結し，その後APEC加盟国からのTPP参加を増やし中国包囲網を形成する。最終的には投資や競争政策，知的財産権，政府調達などで問題の多い中国に，TPPへの参加条件として国家資本主義からの転換とルール遵守を迫るというのが，米国の描くシナリオであろう[5]。「TPPに参加したいのであれば，自らを変革する必要がある」というのが中国へのメッセージである。

　中国は，TPP交渉が始まった当初は平静を装い，これを無視する姿勢をとった。しかし，2011年11月に日本がTPP交渉参加に向けた関係国との協議入り声明を出したのをきっかけに，カナダやメキシコも追随し，TPPが一気に拡大する雰囲気が高まった。このため，TPPによる中国包囲網の形成に警戒を強めた中国は，TPPへの対抗策として，ASEAN+6によるRCEPの実現に向けた動きを加速させた。

　アジア太平洋地域における経済連携の動きは，米中による陣取り合戦の様相を呈し始めている。今後，米中の角逐が強まる中で，TPP，RCEPの動きが，同時並行的に進行していくことになるが，注意しなければならない点は，その背景に「市場経済対国家資本主義」という対立の構図が顕在化していることだ。中国は，TPP交渉を横目で見ながら，国家資本主義の体制を維持しながら東アジアの経済統合を進めようとしている。

　TPPとRCEPの関係が代替（競争）的かそれとも補完的かに，注目が集まっている。今後のTPP拡大にとってASEAN諸国の参加は必要条件だが，

---

[5] 共産党・政府の体制派はTPP参加に慎重であるが，中国国内の構造改革を訴える反体制派は，TPPを外圧として利用すべきだと主張し，TPP参加に前向きである。馬田（2012b）。

RCEPによる影響について米国内の見方は2つに分かれる。RCEPを歓迎する意見は，TPPとRCEPが相互に影響し合いながら発展し，最後にはFTAAPに融合するので，RCEPは必ずしもTPPにとってマイナスとはならないと楽観的である。

これに対して，RCEPを警戒する見方は米産業界に多い。RCEPがTPPと比べ参加国に求める自由化レベルが低いため，ASEAN諸国がTPPよりも楽なRCEPの方に流れてしまうのではないかと懸念している。このため，米国では，中国包囲網の完成のためTPPへのASEAN諸国の取り込みに腐心している[6]。

(3) 同床異夢のRCEP交渉：前途多難

2012年11月の東アジアサミットで，RCEPの交渉開始が合意された。これを受けて，RCEP交渉は2013年5月に開始，2015年末までの妥結を目指している。

RCEP交渉開始が合意された背景には，TPP交渉の進展がある。アジア太平洋地域における広域FTAがTPPを軸として実現される可能性が高まってきた。米主導のTPP交渉の進展に警戒心を抱く中国が，これに対抗して東アジア広域FTAの実現を加速させようと動いた。

2011年8月，日中両国が共同で，東アジア広域FTA構想に関する提案を行った。それは，日中がそれぞれ支持するASEAN+3とASEAN+6の枠組みを「ASEANプラス」という形で棚上げし，膠着状態にあった広域FTAの交渉を開始させようという狙いがあった。

日中共同提案を受けてASEANも動いた。ASEANは，「ASEANの中心性」（ASEAN centrality）を確保することによって，東アジア広域FTAの中にASEANが埋没しないようにしてきた。「ASEAN+1」FTAを周辺6カ国との

---

[6] ASEAN諸国に将来的なTPP参加を促すため，オバマ政権は2012年11月の米ASEAN首脳会議で，「米国・ASEAN拡大経済対話イニシアティブ」（別名，E3イニシアティブ）の開始を表明した。馬田（2013a）。

間で締結する一方，ASEAN 経済共同体（AEC）の実現を打ち出したのも，東アジア広域 FTA の構築において ASEAN が「運転席に座る」ことを目指したためであった。したがって，日中韓 FTA の交渉開始の動きは，日中韓の結束につながり，ASEAN から主導権を奪いかねないものと受け止められた。

また，TPP 交渉によって，ASEAN が TPP 参加組と非参加組に真二つに分断され，ASEAN に大きな亀裂を生むのではないかとの懸念を抱いた。そのため，ASEAN への求心力を保つため，ASEAN 主導の広域 FTA 構想を具体化させる必要性が出てきた。

こうして ASEAN が 2011 年 11 月の ASEAN 首脳会議で打ち出したのが，RCEP 構想である。それは，日中共同提案にもとづき ASEAN+3 と ASEAN+6 の 2 構想を RCEP に収斂させ，ASEAN 主導で東アジア広域 FTA の交渉を進めていくことを表明するものであった。

RCEP は，8 つの原則と 8 つの交渉分野から成る大枠を定めている（表 5 参照）。RCEP は TPP と異なり，参加国の事情に配慮してある程度の例外を認めるなど，自由化には柔軟に対応する方針が出されている。TPP よりもハードルは低く，自由化のレベルは相当に低くなるだろう。

RCEP 交渉に参加する 16 カ国（ASEAN+6）はまさに同床異夢である。参加国の間の経済格差は大きく，RCEP がより高水準かつ包括的な協定を目指

表 5　RCEP の 8 原則と 8 交渉分野

■ RCEP の 8 原則
　① WTO との整合性確保，②「ASEAN+1」FTA よりも大幅な改善，③貿易投資の円滑化・透明性確保，④参加途上国への配慮，柔軟性，⑤既存の参加国間 FTA の存続，⑥新規参加条項の導入，⑦参加途上国への経済技術支援，⑧物品・サービス貿易，投資及び他の分野の並行実施

■ 交渉分野（今後追加の可能性あり）
　①物品貿易，②サービス貿易，③投資，④経済技術協力，⑤知的財産権，⑥競争，⑦紛争処理，⑧その他

（資料）経済産業省。

せば目指すほど，交渉が難航する可能性は高くなる。RCEPの交渉が本格化すれば，各国の本音が浮き彫りになる。ASEAN加盟国間の温度差が表面化するのもこれからだ。

　RCEP交渉の行方については，国内で慎重論を抱えるインドの動向が今後の焦点の一つだ。インド国内ではRCEPに対して政府と産業界とで意見が分かれ，まとまっていない。交渉開始後にインドが途中で脱落する可能性は否定できない。2014年8月のRCEP閣僚会議では，各国が80〜90％の自由化率を提案するなかでインドは40％を主張，自由化率の目標設定で合意が得られなかった。このためインド抜きでの先行合意案も浮上している。

　中国は，RCEPについて表向きはASEAN中心性を尊重する姿勢を見せている。しかし，本音はRCEPを米主導のTPPに対する対抗手段と位置付け，RCEPで実質的な主導権を握り，経済的な影響力を増大させるのが狙いだ。ASEAN各国の対中依存度を高め，それをテコに，海洋覇権を握ろうとしている。このため，南シナ海の領有権を中国と争うASEAN加盟国の一部には，「中国の罠」に陥るといった警戒心が強い。

　ASEANの中で競争力のある域内先進国であるシンガポールやタイにとっては，RCEPは東アジア市場のボーダーレス化を加速し，歓迎すべき動きである。他方，競争力を持たないCLMV諸国（カンボジア，ラオス，ミャンマー，ベトナム）にとっては，RCEPは両刃の剣だ。RCEPの実現で外国からの工業製品の輸入が急増し，自国の工業化の道が断たれかねないと慎重な意見がある一方，グローバルなサプライチェーンに組み込まれことによって外資による輸出志向工業化が進み，格差の是正につながると，RCEPを歓迎する意見もあり，期待と不安が交錯している。

　RCEPの限界も指摘されている。RCEPがAECを超えることは可能だろうか。言い換えれば，RCEPがAECよりも深化した統合体になる可能性は小さいのではないか[7]。

　RCEPを深化させるためには，同時にそれ以上にAECを深化させる必要

---

[7] 助川（2013）。

がある。場合によっては，RCEPがAECを下から突き上げることになるかもしれない。そう考えると，高いレベルのRCEPを期待する豪州・NZや日本にとっては相当に骨の折れる交渉となりそうだ。

AECとRCEPへの取り組みが首尾よく運べば，2015年末を境に東アジアの通商秩序が大きく変わることになる。だが，楽観的な見通しは禁物である。AECが2015年末に実現できず，目標が再度先送りされることになれば，RCEP交渉にも影響を及ぼしかねない。今後のAECブループリントなどの進捗状況次第だが，スコアカードによるASEAN全体の達成率も期待したほど伸びず，「AEC実現を演出」できない事態も想定される。

他方，RCEP交渉の推進力と期待されるのがTPP交渉だが，もたついている。TPP交渉とRCEP交渉の参加国が重複するなかで，RCEP交渉のテコとなるはずのTPP交渉がもしも漂流することになれば，RCEP交渉のスピードが大幅に鈍ることは必至だ。

(4) FTAAPの工程表と中国の狙い

2010年のAPEC首脳会議では「横浜ビジョン」が採択され，FTAAPへの道筋としてTPP，ASEAN+3，ASERAN+6の3つを発展させることで合意した。その後，2つのASEANプラスはRCEPに収斂している。

APECは，将来的にFTAAP構想の実現を目指すことで一致しているが，TPPルートかそれともRCEPルートか，さらに，両ルートが融合する可能性があるのか否か，FTAAPへの具体的な道筋についてはいまだ明らかでない。

こうしたなか，北京APECの準備に向けて2014年5月に中国・青島で開かれたAPEC貿易相会合で，FTAAP実現に向けたロードマップを作成することを明記した閣僚声明が採択された。

この会合において議長国の中国は，声明にFTAAP実現の目標時期を2025年と明記し，具体化に向けた作業部会の設置も盛り込むよう主張したが，FTAAPをTPPの延長線と捉えている日米などが反対し，声明には盛り込まれなかった。

その後，FTAAPロードマップをめぐり水面下での中国の巻き返しが激しくなるなか，11月に北京で開かれたAPEC首脳会議は，FTAAPの「可能な限り早期」の実現を目指すと明記した首脳宣言を採択し閉幕した[8]。

2010年横浜APECの成果を踏まえ，FTAAP実現に向けたAPECの貢献のための「北京ロードマップ」が策定され，共同の戦略的研究（collective strategic study）を実施し，2016年末までに報告することが合意された。

中国は再度，FTAAP実現の目標時期を2025年と具体的に設定するよう主張したが，TPP交渉への影響を懸念した日米などの反対で，目標時期の設定は見送られた。

他方，共同研究については，域内で先行するTPPやRCEPなど複数の経済連携を踏まえてFTAAPの望ましい道筋についてフィージビリティ・スタディ（実現可能性の研究）を行うことになった。しかし，研究報告の後に直ぐAPEC加盟国がFTAAP交渉に入るわけではない。研究とその後の交渉は別というのが，日米の立場である。目標時期設定の見送りと共同研究の実施は，日米と中国，双方の痛み分けとなった。

FTAAPのロードマップ策定についての提案は，中国の焦りの裏返しと見ることもできる。中国の狙いはどこにあるのか。①「TPP以外の選択肢」を示し，TPPを牽制，②ASEANのTPP離れを誘う，③FTAAP実現の主導権を握る，の3つが考えられる。

米国はTPP交渉をまず先にまとめ，その枠組みに中国を含むAPEC加盟国を参加させる形でFTAAPを実現するつもりだ。しかし，中国から見れば，それではアジア太平洋の新通商秩序の主導権を米国に奪われ，下手をすれば孤立する恐れがある。そこで，TPP参加が難しい中国は，TPP以外の選択肢もあることを示し，TPP離れを誘うなど，TPPを牽制しようとしている。

FTAAPへの具体的な道筋について，中国としては米国が参加していないRCEPルートをFTAAPのベースにしたいのが本音だ。だが，それでは端からAPEC内の意見がまとまらない。そのため，中国はTPPでもRCEPでもな

---

[8] APEC（2014a）。

い「第3の道」として，APECルートを新たに提示し，APECにおいてFTAAP実現の主導権を握ろうとしている。ただし，APECルートに対する中国の本気度については疑わしく，漂流しかけているTPPルートに揺さぶりをかけるのが真の狙いとも見られる。

どのルートかでFTAAPのあり方も変わってくる。中国がFTAAPを主導するかぎり，国家資本主義と相容れない高いレベルの包括的なFTAは望めそうもない。

4. 日欧と米欧のメガFTA：拡がる中国包囲網

(1) 日EU・FTA交渉：気になる温度差

日本は，EUとのFTA締結に向けた事前協議（scoping exercise）を終え，2013年4月から日EU・FTA交渉を開始し，これまで8回の交渉会合が開催されている。

EUは，交渉開始から1年後に日本の市場開放に向けた姿勢が不十分と判断した場合，交渉を打ち切る方針を示していたが，2014年6月，日本とのFTA交渉の継続を決定した[9]。

日本とEUは2015年中に交渉を妥結したいとしているが，交渉は難航も予想される。韓国に先を越された日本は，EUとのFTA交渉に前向きである。EUが自動車に10%，家電に14%という高い関税を課しているため，日本はこれらの関税を撤廃させたいからだ。

一方，EUが関税撤廃を求めているチーズやバターといった乳製品は，日本がTPP交渉でも重要5項目として関税を守る方針の農産物で，簡単には譲れない。ワインの関税については，日本は7年かけて撤廃する考えだが，EUは即時撤廃を主張している。

工業製品について日本の関税はほぼゼロであるため，EUの関心は，主と

---

[9] EUは，貿易政策委員会で日本とのFTA交渉の継続を正式に了承。とくに，日本の軽自動車の優遇税制が一部見直されたことを高く評価した。日本経済新聞2014年6月26日付。

して自動車，化学品，電子製品，食品安全，加工食品，医療機器，医薬品などの分野における非関税障壁の撤廃と，政府調達（鉄道など）への参入拡大に向けられている。

　中でも，鉄道が大きな焦点となっている。EUは，JRの3社（東海，東日本，西日本）が資材調達の方式を見直し，仏アルストムや独シーメンスなどEUの鉄道メーカーからの輸入を増やすよう求めている。これに対して，日本はJR各社を完全民営化しているので，政府調達のルールの対象外だと主張[10]，JR各社の対応に任せるというのが基本的な立場である。

　自動車でも，軽自動車の優遇策是正，日本特有の技術基準や認証手続きの国際基準への調和などが要求されている。最近の争点としては，「乗用車排ガス試験法」が挙げられる。エコカー減税の適用資格を得るため，日本の走行モードでのテストが必要であり，追加的な出費負担だとEUが批判している。

　このほか，食品の「地理的表示」(geographical indications：GI)をめぐっても対立している。GI制度は，仏・シャンパーニュ地方の「シャンパン」など地名に由来する名称を勝手に使用しないようにするものである。日本も

表6　日EU・FTA交渉の経緯

2011年5月	日EU首脳会議において，日EU交渉のための大枠を定める準備作業（スコーピング）の開始で合意，2012年5月までスコーピングを実施
2012年7月	欧州委員会として理事会（EU加盟国）に日本とのFTAの交渉権限（マンデート）を求めることを決定
11月	EUの外相会議（外務理事会）で，欧州委員会が日本との間でFTAについて交渉を行う権限を採択
2013年3月	日EU首脳電話会談で，日EU・FTA交渉開始を決定
4月	ブリュッセルで第1回交渉会合を開催
11月	安倍首相とファンロンパイ欧州理事会常任議長（EU大統領）が会談，共同声明では，日本とEUのFTA交渉の早期締結に合意
2014年6月	EUが日本とのFTA交渉継続を決定

（資料）筆者作成。

[10] JRを政府調達の対象リストから除くためには，EUの承認が必要となる。WTOの政府調達協定では，EUなどの拒否権を認める条項が盛り込まれている。

EUの要求に応じて，GI制度の導入を決めた（2014年6月，「農林水産物名称保護法」が成立）。しかし，EUはもっと厳格な制度にすべきだとしており，決着に至っていない。

なお，日本ではTPPに関心が集中し，日EU・FTAの重要性は過小評価されがちだ。同様に，TPPに対抗して米国との間でTTIP交渉を開始したEUも，対米交渉を優先，対日交渉への盛り上がりはいま一つだ。

EUは，TPP交渉で日本がどこまで譲歩するかを見極めながら交渉を進める考えであり，TPP交渉の行方が日EU・FTAにも影響を与える。EUを前向きにさせるには，TPPの日米協議を進展させ，EUを焦らせるしかない。EUは日本市場で，自動車や乳製品に関して米国と競合しているからだ。TPP交渉がもし漂流すれば，TTIPの方が，日EU・FTAより先に合意する可能性もある。

(2) TTIP交渉：ゲームチェンジャーとなるか

米国とEUはメガFTAの実現を目指して，TTIP交渉を開始した。オバマ大統領は2013年2月の一般教書演説で，EUとのFTA交渉に取り組むことを表明。USTRが3月，交渉開始を議会に通知，EUも6月の閣僚理事会で欧州委員会に交渉権限を付与する決定を採択した。

これを受けて，オバマ米大統領とファンロンパイEU大統領（欧州理事会常任議長）は，2013年6月のG8サミットで交渉開始を宣言，7月に第1回交渉を行った。当初，妥結まで2年としていたが，米国の国家安全保障局（NSA）による電話盗聴問題にEU各国が強く反発，交渉は出だしで躓くなど今後の展開は予断を許さない。

ところで，なぜ米国や日本とのFTA交渉に後ろ向きだったEUが方針転換したのか。米国がアジア重視に舵を切り，日本も交渉参加を表明するなどTPP交渉の予想以上の進展で，EUがメガFTAの潮流から取り残されることへの危機感と焦りがあったためだ。

TTIP交渉を提案したのはEUだが，それは米国にとっても渡りに船だっ

た。第1に、WTOドーハ・ラウンドが失速状態に陥ったなか、米国もメガFTA締結競争の流れに敏感に反応した。TPP交渉を主導する米国には、TTIP交渉をまとめることで、環太平洋だけでなく環大西洋までをカバーする新たな通商秩序の枠組みを構築する狙いがあると見られる。

第2に、米国もEU同様、経済成長の活路を輸出拡大に見出そうとした。TTIPが「ゲームチェンジャー」(流れを変える)と呼ばれるように、成長戦略としてのメガFTAに期待が高まっている[11]。

欧州債務危機後の緊縮財政で、EUは思い切った内需拡大策がとれない。TTIPをテコに欧州経済の再生を図ろうとしている。一方、オバマ政権もリーマン・ショックの後遺症から立ち直るため、輸出倍増を打ち出した。TTIPはTPPと並ぶ米国の通商政策の2本柱に位置づけられる。

しかし、TTIP交渉については楽観できない。米欧間の関税率は約4%で、すでにかなり低い。このため、TTIP交渉の焦点は、関税撤廃よりも非関税障壁の撤廃に当てられていることから[12]、食の安全や自国文化の保護などをめぐる米欧の対立によって、交渉は難航が予想される。

2013年6月のEU貿易相会合では、ハリウッド映画などの流入を警戒するフランスが、文化保護の観点から映像や音楽分野を交渉対象から外すよう強く要求した。交渉開始にはEU加盟国の全会一致が条件のため、とりあえずは同分野を交渉対象とせず、棚上げとした。米国はこれに強く反発している。EUの中には英国のように、交渉範囲を限定すべきでないとの意見を持つ加盟国もあり、今後のTTIP交渉次第では、欧州委員会が交渉範囲の見直しを加盟国に提示する可能性も十分にある。

TTIP交渉の最大の争点は食の安全だろう。EUは、遺伝子組み換え作物の安全性が保証されていないとして、SPS協定(衛生植物検疫措置の適用)第5条で定められている予防原則(precautionary principle)に基づき、米国から

---

[11] バローゾ欧州委員会委員長が、TPPを「ゲームチェンジャー」と呼んだ。
[12] 「雇用と成長に関する高級作業部会」(HLWG)の最終報告書(2013年2月)が、TTIP交渉の争点を説明している。

表 7　TTIP の交渉分野

1. 市場アクセス
　①物品貿易，②関税率，③サービス，④サービスと投資，⑤投資保護，⑥公共調達
2. 規制項目・分野
　①規制調和，②貿易の技術的障害（TBT），③衛生植物検疫措置（SPS），④分野別協議（繊維，化学，医薬品，化粧品，医療機器，自動車，情報通信技術，エンジニアリング，農薬の9分野）
3. 協力のルール・原則・方法
　①エネルギー／原材料，②貿易と持続可能な開発／労働と環境，③原産地規則，④競争法，⑤知的財産権／地理的表示（GI），⑥紛争解決，⑦中小企業，⑧貿易救済措置，⑨税関と貿易円滑化

（資料）ジェトロ「通商弘商」（2014年7月16日）。

の新規の遺伝子組み換え作物について輸入規制をしている。米国はこの EU の措置を「偽装された保護主義」であり，WTO 協定に違反するとして反発している。米国は EU に遺伝子組み換え作物の規制緩和を求めているが，EU は TTIP によって規制を緩めるつもりはない。食の安全と通商ルールをいかに調整するか，TTIP 交渉は，WTO に先行して判断しなければならない難しい課題を突き付けられている。

(3) 日米欧主導のルールづくり：中国に圧力

　TTIP 交渉が開始されたことの影響は極めて大きい。米国と EU の狙いは，TTIP によって環大西洋の貿易や投資を拡大させることだけではない。TTIP は，台頭する中国を意識した米欧のメガ FTA 戦略といってよい。TTIP 交渉で 21 世紀型の貿易ルールについて米欧が合意すれば，中国の国家資本主義にも影響が及ぶのは必至である。TTIP は，TPP とともに中国に対する大きな圧力となろう。

　一方，日本にとっても TTIP の影響は小さくはない。21 世紀型の貿易ルールをすべてカバーし，事実上のグローバル・スタンダード（国際標準）となる公算が大きいからだ。日本が蚊帳の外に置かれた形で，米欧主導で貿易

ルールができることは避けたい。日本が米欧の動きを牽制できるかどうか，そのカギを握るのがTPPと日EU・FTAだ。

　TPPと日EU・FTAを通じ，米欧との2つの足場を固めて21世紀型貿易づくりに日本も積極的に参画しなければならない。TPPと日EU・FTAの二正面作戦は，21世紀型の貿易ルールの受け入れを中国や東アジア諸国に迫るテコにもなる。

　TPPだけでなくTTIPや日EU・FTAにも，中国包囲網が拡がろうとしている。中国の国家資本主義とは相容れない21世紀型貿易のルールづくりを目指すTPP，TTIP，日EU・FTAの3つのメガFTA交渉の動きに，中国は警戒を強めている。メガFTAの潮流が加速するなか，中国をいかにして21世紀型貿易のルールに組み込むかが，今や日米欧の共通課題と言える。

5. メガFTA時代のWTO：新たな機能

　21世紀型の貿易ルールづくりを目指すWTOのドーハ・ラウンドは，膠着状態に陥り抜け出せない。このため，投資，サービス，知的財産権，競争政策，政府調達，環境，労働などの分野をカバーする新しいルールは，TPP，TTIPなどメガFTAを中心にWTOの外で作られようとしている。こうしたメガFTAの動きが，WTOの求心力低下に拍車をかけている。

　だが，WTO交渉が難航していても，3つの機能のうち，WTOの監視や紛争処理といった機能まで損なわれるようなことがあってはならない。WTOのすべての加盟国が，WTOにとって代わるだけの機能を持ったFTAを締結することができない以上，WTOの役割は終わらない。

　例えば，FTAを締結していない国との紛争処理は，WTOを活用するしかなく，FTAだけでは不十分である。米国，EU，中国の3大市場を包含するメガFTAが近い将来締結される見込みはない。欧米にとって頻発する中国との貿易紛争の解決はWTO提訴に頼るしかない。

　また，メガFTAの潮流から取り残される途上国にとって，WTOは必要な枠組みであるが，WTOの失速が不安と焦りを生んでいる。メガFTA間の隙

間に埋もれてしまう途上国への対応を忘れてはならない。

　他方，一連のメガFTA交渉が進んでも，地域主義の性格上，参加国と非参加国との間に「域外差別」の問題が生じる。メガFTAは，グローバルな貿易システムを自動的に保証するわけではなく，さまざまな弊害を生む危険があることに注意しなければならない。

　サプライチェーンの効率化を進める企業にとって，メガFTAごとにルールがバラバラでは困る。貿易システムの分極化は避けねばならない。メガFTAの間でルールの調和が必要だ。その調整の場はWTOしかないであろう。

　メガFTAがいくつも躍り出たことで，逆に，再びグローバルなルールとそれを支える多国間の枠組みとしてのWTOの存在意義が再認識されるとすれば，WTOにとってはチャンスである。WTO復活のカギは，メガFTA間の調整というWTOの「第4の機能」にかかっている[13]。

　WTOの将来像についてどのようなシナリオが描けるのか。21世紀型貿易におけるWTOの将来は，悲観と楽観の2通りが考えられる。

　第1のシナリオは，21世紀型貿易においてWTOが脇役に甘んじるという悲観的なケースだ。WTOは，監視と紛争解決の機能に特化，21世紀型貿易のルールづくりはすべてメガFTA任せとなる。最悪のシナリオは，WTO交渉の失敗によって支持を失い，WTOのルールが軽視されて保護主義も蔓延し，WTOの形骸化が進むことだ。

　これに対して，第2のシナリオは，WTOの求心力を回復させ，主役に復帰するという楽観的なケースだ。WTOは，情報技術，政府調達，サービス，投資，知的財産権，競争政策，環境などの問題について，新たな多国間のルールを提案するか，メガFTAの新しいルールの一部を多国間に適用するようにするなど，21世紀型貿易のルールづくりに積極的に関与していく。メガFTA間の調整役，コーディネーターとしての重要な役割をWTOは担うべきだ。

　なお，関与の形態としては，複数のバリエーションがある。ITA（情報技

---
[13] 馬田（2014a）。

術協定），TISA（新サービス貿易協定）など，WTO加盟国の一部，有志国が参加する「プルリ協定」（pluri-lateral agreement）のような形をとる可能性がある。また，バリ・パッケージの合意のように，ドーハ・ラウンドの交渉分野の一部について部分合意し，特定分野に関する多国間協定としてまとめることも考えられる。

　WTOの将来は，21世紀型貿易に十分対応できずこのまま脇役に退くのか，それとも，主役として21世紀型貿易の新たなルールづくりに創造的に関わっていくことができるのか，WTOは今まさに剣ヶ峰に立っていると言えよう。

6. 21世紀型の通商戦略：日本の課題

　いまや企業による国際生産ネットワークの構築，それによるサプライチェーンのグローバル化といった21世紀型貿易の動きが加速している。日本は，そうした動きを踏まえつつ，21世紀型の貿易ルールの確立に向けた取り組みが求められている。

　最後にまとめとして，21世紀型貿易のルール・メーカーを目指す日本の新たな通商戦略について，その具体的な課題を列挙しておこう。

　第1に，メガFTA時代におけるWTOの新たな役割を見据えて，メガFTAだけではなくWTOの復活をも主導することが，日本が目指すべき21世紀型の通商戦略である。日本は「21世紀型の重層的通商政策」に積極的に取り組み，メガFTAとWTOを通じた21世紀型貿易のルールづくりで，日本のイニシアティブを発揮すべきである。

　第2に，現在交渉が行われているTPP，RCEP，日EU・FTA，TTIPの4つのメガFTAのうち，日本は3つのメガFTAに関与している。21世紀型貿易のルールづくりで，地政学的に主導性を発揮しやすい立場にある。日本企業の強みを活かせるよう，日本は主体的にルールづくりに取り組むべきだ。21世紀型の貿易ルールづくりで影響力が最も大きいとされているのが，米欧間のTTIPである。このTTIPに対しても，TPPと日EU・FTAを通じて，日本は牽制できる立場にある。言い換えれば，TTIPを見据えながら，TPPと日

EU・FTA 交渉を進めていく姿勢が肝心である。

　第3に，日本のメガ FTA はワンセットで捉えなければならない。そもそも日本の TPP 交渉参加が，中国や EU を刺激して RCEP や日 EU・FTA の交渉開始につながった。TPP 交渉の動きは，日本の他のメガ FTA 交渉にも影響する。TPP 交渉が停滞すれば，他の交渉が足踏みする恐れがある。TPP をテコに，日本がメガ FTA の交渉で主導性を発揮するというシナリオも崩れかねない。TPP 交渉を漂流させてはならない。

　第4に，アジア太平洋地域がメガ FTA の主戦場となっている。FTAAP の実現を視野に入れながら，TPP と RCEP の2つのメガ FTA が併存している。米中の角逐が懸念されるなか，日本は地政学的な利点を生かして，TPP と RCEP が融合して FTAAP につながるよう，「アジア太平洋の懸け橋」としての役割を目指すべきである。

　第5に，TPP だけでなく TTIP や日 EU・FTA の交渉にも中国は警戒を強めている。それらが，中国の国家資本主義とは相容れない21世紀型貿易のルールづくりを目指しているからだ。中国をいかにして21世紀型貿易のルールに組み込むかが，日米欧の共通課題である。

　第6に，複数のメガ FTA の同時進行によって，複数の貿易ルールが混在する状況が予想される。その弊害に対応すべく，将来的には，WTO 協定の一部としてグローバルなルールとすることを視野に，メガ FTA の間で調和のとれたルールとすることが必要である。メガ FTA 間の調整役としての役割をWTO が果たせるよう，日本は WTO を積極的に支えるべきだ。具体的には，グローバルなルールづくりに向けて，ITA や TISA など，WTO における有志国による分野別のプルリ協定への取り組みも積極的に進めるべきである。

参考文献

APEC (2014a), The 22nd APEC Economic Leaders' Declaration, *Beijing Agenda for an Integrated, Innovative and Interconnected Asia-Pacific*, Beijing, China, November 11, 2014（「第22回 APEC 首脳宣言：統合された，革新的な，相互連結のアジア太平洋のた

めの北京アジェンダ」2014 年 11 月 11 日 ＜http://www.mofa.go.jp/mofaj/ecm/apec/page22_001657.html＞.）.
APEC (2014b), *The Beijing Roadmap for APEC's Contribution to the Realization of the FTAAP* (FTAAP の実現に向けた APEC の貢献のための北京ロードマップ」2014 年 11 月 11 日＜ http://www.mofa.go.jp/mofaj/files/000059196.pdf ＞.）.
Baldwin, R. (2011), "21st Century Regionalism: Filling the Gap between 21st Century Trade and the 20th Century Rules," Centre for Economic Policy Research, *Policy Insight*, No. 56.
Baldwin, R. and Patrick Low eds. (2009), *Multilateralizing Regionalism: Challenges for the Global Trading System*, Cambridge University Press.
HLWG (2013), *Final Report of the High Level Working Group on Jobs and Growth*, February 11, 2013.（ジェトロ海外調査部欧州ロシア CIS 課「米 EU 雇用と成長に関する高級作業部会最終報告書（仮訳）」，2013 年 3 月）.
Petri, A.P and M.G. Plummer (2012), "The Trans-Pacific Partnership and Asia-pacific Integration: Policy Implications," Peterson Institute for International Economics, Policy Brief, No. PB12-16, June.
Petri, A.P., M. G. Plummer and F. Zhai (2012), *The Trans-Pacific Partnership and Asia-pacific Integration: A Quantitative Assessment*, Peterson Institute for International Economics, Washington D.C.
Schott, J. and C. Cimino (2013), "Crafting a Transatlantic Trade and Investment Partnership: What can be done," Peterson Institute for International Economics, *Policy Brief* 13(8).
馬田啓一（2012a），「TPP と東アジア経済統合：米中の角逐と日本の役割」『季刊国際貿易と投資』No. 87.
馬田啓一（2012b），「TPP と国家資本主義：米中の攻防」『季刊国際貿易と投資』No. 89.
馬田啓一（2013a），「TPP と RCEP：ASEAN の遠心力と求心力」『季刊国際貿易と投資』No. 91.
馬田啓一（2013b），「オバマの通商戦略に死角はないか：WTO とメガ FTA への対応」『季刊国際貿易と投資』No. 94.
馬田啓一（2014a），「メガ FTA 時代の WTO：主役か脇役か」『季刊国際貿易と投資』No. 95.
馬田啓一（2014b），「正念場の TPP 交渉と日本の対応：合意への道筋」『季刊国際貿易と投資』No. 96.
江原規由（2014），「TPP と中国の参加問題」石川幸一・馬田啓一・渡邊頼純編著『TPP 交渉の論点と日本』文眞堂.
木村福成（2012），「TPP と 21 世紀型地域主義」馬田啓一・浦田秀次郎・木村福成編著『日本の TPP 戦略：課題と展望』文眞堂.
清水一史（2013），「TPP と ASEAN 経済統合」石川幸一・馬田啓一・木村福成・渡邊頼純編著『TPP と日本の決断』文眞堂.

助川成也 (2013),「RCEP と ASEAN の課題」山澤逸平・馬田啓一・国際貿易投資研究会編著『アジア太平洋の新通商秩序：TPP と東アジアの経済連携』勁草書房.
田中友義 (2014),「日 EU 経済連携協定の合意に向けて（その 1）～（その 3）」国際貿易投資研究所『フラッシュ』No. 177, 178, 195.
日本貿易振興機構編 (2013),「特集・到来！メガ FTA 時代」『ジェトロセンサー』12 月号.
中川淳司 (2014),「TPP 交渉の行方と課題・1～6」『貿易と関税』第 62 巻第 1～7 号.
日本国際問題研究所 (2014),『国際問題』「焦点：加速するメガ FTA 交渉と世界貿易体制」No. 632.
渡邊頼純 (2014),「メガ FTAs の潮流と日本の対応」石川幸一・馬田啓一・渡邊頼純編著『TPP 交渉の論点と日本』文眞堂.

Summary

Mega-FTAs Negotiations and Japan's Trade Strategy

Keichi Umada (Kyorin University)

As the Doha Round of WTO negotiations continue to stagnate, moves toward mega-FTAs are accelerating around the world. The best way of improving the business environment for companies, which contributes to smoother global supply chains, is to establish global trade rules for the 21st century. It is essential for Japan to take the initiative in establishing global trade rules through mega-FTAs such as TPP, RCEP, and Japan-EU FTA so that Japanese companies can display their strengths. This paper argues the future of the global trade regime and Japan's trade strategy in the light of the ongoing negotiations for mega-FTAs.

◇コメント◇

滋賀大学　柴山　桂太

　WTO交渉が行き詰まりを見せる中で，メガFTAが新たなルールづくりの主戦場となっている。だが，どれも交渉は難航しており，最終合意にはまだかなりの時間がかかるものと見られる。

　本報告は，TPPやRCEP，TTIPといった大型FTAの最新の交渉状況を概観した上で，WTOの今後や日本の取るべき選択について考察を行うものだが，とりわけ強調されるのがTPPの戦略的重要性である。日米が基軸となるTPPが合意に向かって動けば，日欧や米欧のFTA交渉にも弾みがつく。いまはRCEPを掲げてアメリカに対抗する中国も，TPPが実現すればいずれ参加せざるを得なくなる。他のメガFTA交渉を前進させるためにも，また「中国包囲網」を形成するためにも，TPPの重要性は大きいという認識が，報告の骨子をなす。

　TPPが動けば他も動くというのは，その通りであろう。だが，交渉は現時点でかなり難航している。関税の引き下げや，ルールの統一に対する各国内の反発が小さくないからだ。以下のコメントは，この事実をどう考えるべきか，という点に関わる。

　報告にもあるように，TPP交渉は物品市場サービス，知的財産，競争政策，政府調達，投資，環境などさまざまな分野で各国の利害が対立している。特に新興国の場合，知的財産や環境，競争政策を日米の基準にまで引き上げることには，相当の難しさがある。社会主義国のベトナムや，複雑な人種構成ゆえにブミプトラ政策を保持したいマレーシアのような新興国と，日米のような先進国の間の溝は簡単には埋まらないと見るべきである。ドーハ・ラウンドの長期化は先進国と新興国の対立によるところが大きいが，同じ構図がTPPでも繰り返されるのではないか。

　日米の対立も，溝は深い。日本では，地方選出の議員を中心にTPPに反対，または慎重な意見が多い。アメリカでも，上院・下院ともに慎重派が少なく

ないのが現状で，交渉を担当するUSTRに安易な妥協をしないよう，強い圧力をかけている。最近では，為替操作国に制裁関税を課すことのできる「為替条項」をTPPに導入すべきだという意見も根強くある。こうした議会の圧力が，オバマ政権のTPA承認を難しくしているだけでなく，TPP交渉におけるアメリカの強硬な態度を後押しして，他の交渉参加国の反発を大きくしている。

　問題は，この反発が何から生まれているのか，である。もちろん業界団体のロビイングゆえだが，それを可能にしているのは民主主義だという視点は重要である。政策変更によって不利益を被る可能性がある人々が，利益団体を通じて政治への働きかけを強めるのは，民主主義において認められた当然の権利だ。彼らは少数派かもしれないが，少数派の意見や利益を尊重するのが民主主義の理念である。

　ともすれば利益団体には悪いイメージが付与されやすいが，正しい理解とは言えない。一人一人は弱い立場でも，団体を組織することで政治へのアクセスが保証される。これが民主主義における「結社の自由」の意味である。複雑化した社会では利益団体の存在なしに政治を運営することができない。社会の複雑な利害は，複数の有力な利益団体に縮約されることで，政治的な調整が可能になる。

　TPP交渉が議会の反発を受けやすい背景には，このような事情がある。これが非民主主義国であれば，行政権力がスピーディーに国内の利害を調整することもできるだろう。だが民主主義国では，少数派の権利が尊重されるがゆえに，国内の利害調整に多大な政治的コストがかかる。交渉を一気に進めるには，民主主義の地位を引き下げる必要が出てくるだろう。

　グローバリゼーションの今後を考える上で重要なのは，自由貿易と民主主義の対立，という論点である。Rodrik（2011）の「世界経済の政治的トリレンマ」仮説によると，ハイパーグローバリゼーション，国家主権，民主主義の三つを同時に達成することは不可能である。これ以上の自由貿易を求めるなら，国家主権と民主主義のどちらかを犠牲にしなければならない。民主主

義を尊重するなら,グローバリゼーションと国家主権のいずれかに制限が必要となる。

この図式に従うなら,グローバリゼーションの深化には二つの道がある。一つはEUが目指しているように,共通市場に合わせて民主主義の範囲を広げ,各国の主権を制約する道である。もう一つは,経済統合と国家主権を両立するために,各国の民主主義に制約を加えるというもので,メガFTAが進もうとしている道はこちらに近い。果たしてこれが,持続可能な発展を約束するものなのか。自由貿易のメリットを享受しながら国家主権と民主主義を両立する,別のグローバリゼーションのあり方はないのか。

容易に答えの出るものではないかもしれないが,今回のコメントで私が提起したいのは,以上の論点である。

参考文献

Rodrik, D. (2011), *The Globalization Paradox: Democracy and the Future of the World Economy*, W.W. Norton & Co.

共通論題

少子高齢化時代における外国人労働者受入れ政策の経済学的分析

慶應義塾大学　後藤　純一

要旨

　本稿の目的は，一般均衡論的フレームワークを用いて，日本における外国人労働者の特徴を明らかにし，その経済的インパクトを考察することである。「定住移民」と「出稼ぎ的外国人労働者」を峻別した分析により，以下の3点が明らかになった。①日本における外国人労働者の大多数は，軸足が本国にある出稼ぎ労働者である，②出稼ぎ労働者の受入れは，きわめて大規模（ハリケーン）でない限り受入国の厚生を減少させる，③定住移民の受入れは出稼ぎ労働者よりも受入国にとって好ましい。

キーワード：外国人労働者, 一般均衡論, 少子高齢化, 定住移民, ゲストワーカー

1. はじめに

　わが国では，人口再生産レベルを大きく下回る出生率が続いており，人口は減少し急速に高齢化している。特に今後20–30年間における人口減少および年齢構成の変化は著しく，生産年齢人口は今後20年の間に約1,300万人減少するものと見込まれ，厳しい人手不足時代が到来するのではないかと言われている。全体的な労働力需給だけでなく，ITや介護など特定分野ではより深刻な人手不足に見舞われることが憂慮されている。こうした中で，日

本人の働き手が減るから積極的に（いわゆる単純労働者をも含めた）外国人労働者の導入を進めるべしといった意見が声高に主張されている。また，2020年の東京オリンピック開催が決まってからは，これに伴って建設労働者が不足するとして，外国人労働者受入れ論にさらに拍車がかかっている。しかし一方で，外国人労働者の受入れは犯罪の増加などさまざまな社会的・経済的問題を引き起こすので望ましいものではないとする議論も根強く主張されている。わが国において外国人労働者問題が台頭してきたのは1980年代後半でそれから四半世紀が経過しているにも関わらず依然として議論が錯綜しておりコンセンサスには程遠い。議論が錯綜する理由の一つは，一口に「外国人労働者」といってもさまざまなタイプの人々が存在し，議論する人によって異なる範疇の労働者が対象になっていることだと考えられる。たとえば，「専門的技術的労働者」と「いわゆる単純労働者」とでは日本経済に与えるインパクトが違うし，また後で詳述するように，日本に定住しようとして来日する「定住移民」と日本で一定期間働いてその後は本国に帰国しようとする「出稼ぎ労働者」とではさまざまな面で日本経済に及ぼす影響が異なりうるのである。しかし，これまでの議論の多くはこれら範疇の異なる人々を一括して「外国人労働者」としてきたため，議論がかみ合わなかった感が否めない。

　そこで，本稿では，厳密な経済学的モデルを用いてわが国への経済的インパクトを明らかにする。特に，「軸足が本国にある出稼ぎ労働者の受入れ」，「日本に定住することを目的とする移民の受入れ」，「女性などの国内労働力の増加」などの違いに焦点をあててその経済的インパクトの違いを理論的・実証的に分析し，望ましい外国人労働者政策はどのようなものであるかを考察する。

　理論的・実証的分析に入る前に，まず，問題の背景を簡単に振り返っておこう。図表1は第2次大戦後の出生率および出生数の長期的推移を見たものである。第2次大戦直後は，約270万人の出生数であったものが，1950年代に急速に減少し160万人〜170万人となった。その後，第2次ベビーブーム

図表1　出生数および合計特殊出生率の年次推移

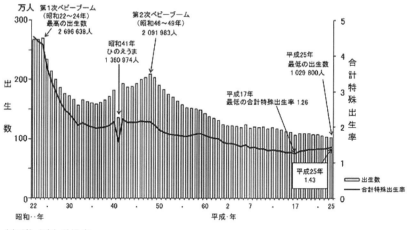

（出所）厚生労働省

で200万人を超えた時期もあるが，1970年代以降ほぼ一貫して減少しており，2013年には103万人まで下がってピーク時の3分の1となっている。合計特殊出生率をみても1950年代までは1人の女性が一生の間に産む子供の数は約4人であったが，1950年代の終わりごろに2人に急減した。その後も減少傾向が続き，2013年には1.43人となっており，人口を維持するのに必要な出生率（2.08程度と言われている）を大きく下回っている。

こうした少子化を背景に，わが国の人口は急速に減少し，高齢化が進むことが予想されている。図表2はわが国の人口を3つの年齢階層（年少人口，生産年齢人口，高齢人口）に分けて予測したものである。これを見てわかるように，わが国の65歳以上人口は，2005年には2,600万人だったものが25年後の2030年には1,100万人も増加して3,700万人になると予想されている。一方生産年齢人口のほうは同期間に8,400万人から6,700万人へと1,700万人も減少することが予想されている。この結果，1人の働き手が養わなければならない高齢者の数は，0.3人から0.57人へと倍増する。このため日本人の

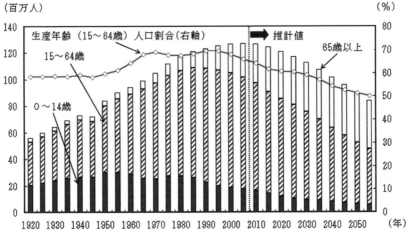

図表2　日本の人口推移と将来推計人口

（備考）2005年までは総務省統計局「国勢調査」，2010年以降は国立社会保障・人口問題研究所「日本の将来推計人口（平成18年12月推計）」により作成。
（出所）内閣府「http://www5.cao.go.jp/j-j/wp/wp-je07/07f21010.html」

働き手が減るから外国人労働者を受入れるべしとする議論が声高に叫ばれるようになってきているわけである。

2. わが国における外国人労働者問題の特徴

2.1 錯綜する議論の背景

わが国で外国人労働者問題が台頭してきたのは1980年代後半で，それ以来四半世紀にわたって活発に議論がなされてきた。しかし，依然として賛否両論からさまざまな議論が錯綜しておりコンセンサスには程遠い状況にある。

議論が錯綜している理由の一つは，議論をしている人々がタイプの異なる外国人労働者についての議論をたたかわせている，換言すれば別々の土俵で議論をたたかわせているからだと考えられる。この点を図示したのが図表3である。

図表3にみられるように，移民問題・外国人労働者問題を議論する際には

図表3　外国人労働者問題への視点

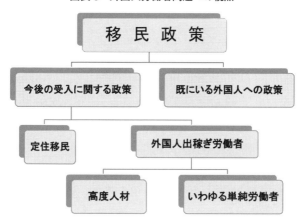

　少なくても3つのことを峻別する必要がある。第1に，外国人労働者を将来受入れるべきか否かという議論と既に日本にいる外国人労働者をどう扱うかという議論とは全く別の問題である。受入れに反対だからといって今いる人を粗末に扱っていいということにはならないし，かといって，今いる人のケアが必要だからといって自動的に将来受入れるべきだということにもならない。つまり，将来の政策と今いる人に対する対策は分けて考えなければいけないのであるが，これまでの議論ではそれが峻別されてこなかったようである。第2に，定住移民の受入れと出稼ぎ労働者の受入れも峻別しなければならない。つまり，後述のように，日本人として定住する人々の受入れと出稼ぎ労働者の受入れとではわが国の経済社会に対するインパクトが大きく異なるのである。第3に，高度人材の受入れといわゆる単純労働者の受入れとはインパクトが異なってくるのでこの点も分けて考える必要があろう。

　こうしたことは自明のことであるにも関わらず，これまでの議論ではともすれば混同される傾向にあった。以下では，この3つの視点のうち第2の定住移民と出稼ぎ労働者との違いに焦点をあててその経済的インパクトを厳密なフレームワークで検討する。

2.2 「移民」か「出稼ぎ労働者」か？

　図表4は就労する外国人の数についての厚生労働省の推計結果をまとめたものである。なお，後述のように，2008年のリーマンショックに端を発する国際金融危機以降それまで定住志向が強いといわれていた日系人出稼ぎ労働者の大量流出が起こったので，図表4にはそれまでの比較的安定した状況である2007年のデータを示してある。これをみてわかるように，一口に外国人労働者といってもいろいろなグループが存在するが，わが国では外国人労働者の大多数は出稼ぎ的外国人労働者のようである。

　まず，外国人労働者は日本の法律を遵守するかたちで入国し働いている合法的外国人労働者と，観光などと入国目的を偽って入国し不法に働いている非合法的外国人労働者とに分けることができる。

　合法的外国人労働者の第1のグループは，教授，芸術，研究などのいわゆる専門的技術的労働者でその総数は1990年の入管法の改正以降着実に増え続けて2007年には約19万人となっている。第2のグループは，かつて海外（多くはブラジルなどのラテンアメリカ）に移住した日本人の2世，3世などである。1990年の入管法改正によって，定住者ビザにより3年間の滞在を認められ，稼働内容についての制限なく自由に就労できる（いわゆる単純労働的業務にも従事できる）ようになったことから急増し始めた日系人等で，その数は2007年には約28万人となっている。合法的な外国人労働者の第3のグループはいわゆる学生アルバイト（資格外活動）である。資格外活

図表4　わが国の外国人労働者（2007年）

カテゴリ	人数
合法的な専門的・技術的労働者	約19万人
日系人出稼ぎ労働者	約28万人
留学生等	約8万人
技能実習生	約5万人
非合法な単純労働者	約15万人 + a
合計	約75万人 + a

（出所）法務省入管統計

動の許可を受けた場合には，日本の大学などで学ぶ留学生については週28時間まで，日本語学校などで学ぶ就学生の場合には1日4時間までアルバイトをすることが認められている（留学生の場合には夏休みなどには1日8時間まで働くことが認められる）。こうした学生アルバイトの総数は2007年には約8万人となっている。さらに，技能実習生，ワーキングホリデーなどで就労していると考えられる外国人の数が約5万人にのぼる。これらを合計すると，わが国における合法的な外国人労働者の数は約60万人となる。

こうした合法的な外国人労働者に加えてかなりの数の非合法的外国人労働者が存在している。法務省によればビザ有効期限が切れても日本国内にとどまっている不法残留者数は約15万人となっており[1]，この数を加えると外国人労働者数は約75万人ということになりわが国労働力人口（約6,700万人）の1パーセント強にあたる。

図表4にみたように，わが国における外国人労働者のなかで人数が最も多いのが日系人労働者で2007年にはその数は28万人となっていた。この日系人等に対する定住者ビザの有効期限は最大3年となっているが，更新や帰国後の再申請もほぼ無制限に認められている。さらに，定住者として日本に在住した日系人に対しては比較的容易に永住ビザが与えられており，永住者となって日本に長期間在住する人も増えている[2]。

それでは，こうした日系人労働者は日本に定住しいわば日本人になろうとする「移民」とみなすことができるであろうか？現実には少なくとも次の2つの理由により依然として「出稼ぎ労働者」の性格が強いと考えられる。

①本国送金が多額であり，長期的な軸足は依然として出身国にあること。
②災害や不況などの「有事」に際して大規模な帰国ラッシュが見られること。

---

[1] 長引く不況により雇用機会が少ないためか不法残留者の数は年々減少し，最近では約10万人となっている。
[2] 日系人出稼ぎ労働者は比較的簡単に永住ビザを取得することができ，永住ビザを取得した者を合わせるとさらに10万人程度増加する。

まず、第1に、日系人労働者の本国送金のデータを見てみよう。日本労働研究機構は1998年に調査を行い、わが国にいる日系人労働者の本国送金額は1カ月当たり1,849ドルであるとしている。これは出身国ブラジルの平均月収（1,806ドル）を上回るものである。同様に国際機関の一つである米州開発銀行は、2005年に調査を行い、日系人労働者の本国送金は年額8,700ドル（当時の為替レートで換算すると約百万円）としている。このように、わが国の外国人労働者のなかでは比較的定住志向が強いとされる日系人労働者でさえも、本国にいる家族・親族の扶養のため、あるいは帰国後の生活に備えるため、多額の本国送金を行っている。つまり長期的な生活の軸足は依然として日本ではなく本国にあるわけである。

次に、日系人労働者は本当に定住傾向を示しているか否かを見てみよう。一般的にいって外国人労働者は災害や不況によって大量に帰国する傾向が強いようである。マスコミ報道によれば、2011年3月の東日本大震災および福島原発事故により大量の外国人労働者が日本を離れたといわれている。また、2008年秋のリーマンショックに端を発する国際金融危機において、大量の日系人労働者が帰国している。この日系人労働者帰国の規模を把握するため、筆者は法務省の出入国管理統計のデータを用いてその人数を推計してみた。その結果をまとめたのが図表5および図表6である。

まずリーマンショック時の状況をみてみよう（図表5）。

図表5を見てわかるように、2008年9月までは日系人労働者の流入数と流出数はほぼ等しく、したがって純流出数はゼロに近かった。しかし、こうした安定的傾向はその後一変し、激しい帰国ラッシュが生じた。特に2009年の1月から3月にかけては毎月1万人近くの純流出が見られた。2008年9月から大量帰国が終息した2010年末までの2年強の間における日系人労働者の純流出数は9万人を超えている（93,905人）。図表4にみたように2007年の日系人労働者数は約28万人であるから、国際金融危機によって約3分の1の日系人労働者が日本を去ったことになる。

同様に、2011年3月の東日本大震災に際しても大量の日系人出稼ぎ労働

図表5　リーマンショック時の日系人労働者の純流出数

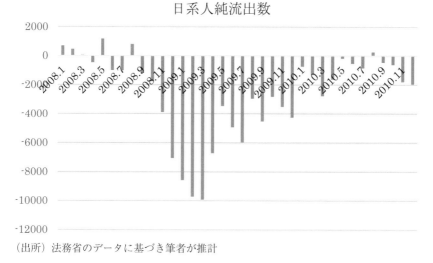

（出所）法務省のデータに基づき筆者が推計

図表6　東日本大震災時の日系人労働者の純流出数

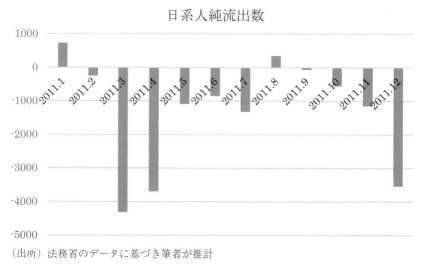

（出所）法務省のデータに基づき筆者が推計

者が帰国した。図表6にみるように，震災から2011年末までの間に，純帰国者数は16,233人に達している。

このように比較的永住志向が強いといわれる日系人労働者でも軸足は出身国にあり，多額の本国送金や有事の際の帰国ラッシュという出稼ぎ労働者に典型的な傾向を示している。こうした状況をみると，わが国の外国人労働者はその大半が，本国での生活のための資金を稼ぐために日本に一時的に働きに来ている「出稼ぎ労働者」であると性格づけることができよう。

そこで次節ではやや厳密なモデルによって，外国人出稼ぎ労働者の受入れの経済的インパクトを詳しく考察する。さらに，定住移民の受入れや国内労働力増加などの場合には，出稼ぎ移民とどのように異なるかについても言及する。

3. 外国人出稼ぎ労働者受入れのインパクト：理論

3.1 モデルの特徴

本節での分析に用いられる厳密な経済モデルは，わが国における外国人労働者問題の現状をよりよく捉えるため，従来の国際的生産要素移動理論とはやや異なる4つの特徴（可変的生産要素価格，非貿易財，貿易制限，本国送金）を有している。

3.1.1 可変的生産要素価格

周知のように，オーソドックスなヘクシャー・オリーン理論の下では，生産要素の価格は，相対的要素賦存の状態に関わりなく，財貨の価格によって完全に規定される。したがって，財貨価格が所与の小国においては，賃金率や資本の利子率などの生産要素の価格も一定で，外国人労働者の受入れによって影響を受けないことになる。このような不変的生産要素価格は，2×2（2財，2生産要素）というヘクシャー・オリーンモデルの性質に起因するものである。しかし，現実には，多くの実証的研究（たとえばMorgan and Gardner（1982））が，外国人労働者の受入れによって国内賃金率が低下する傾向があることを報告している。こうした理論と実証との乖離を埋めるた

め，本稿では，Jones 的なスペシフィック・ファクター・モデルを用いることとする。より詳しくいえば，労働力は生産部門間を自由に移動することができるが，資本は各生産部門に固定されていると仮定するわけである。こうしたスペシフィック・ファクター・モデルの下では，外国人労働者の受入れによる相対的要素賦存の変化が，生産要素価格を変化させ得るのは以下に詳しくみるとおりである。

3.1.2 非貿易財

従来の貿易理論のなかでは非貿易財に対する関心は比較的低かったが，現実においては，経済全体における非貿易財の比率は大きい。次節で示されるように，わが国の消費全体において非貿易財の割合は 54 パーセントと過半数を占めている。また，外国人労働者の多くは非貿易財生産部門で働いている。さらに，アメリカやヨーロッパなどでは，移民労働者の受入れによってメイドサービスや道路清掃などの非貿易財の価格が低く押さえられているとよく指摘されている。従来の国際的生産要素移動理論の多くが輸出可能財と輸入可能財という 2 財モデルに立脚しているのに対し，本稿では，より現実的にするために，これに非貿易財を追加した 3 財モデルでの分析を行う。上記のスペシフィック・ファクターの仮定とあわせることにより，本稿のモデルは従来の 2×2 モデルではなく 3×4 モデル（3 財，4 生産要素）モデルとなっていることに注目されたい。

3.1.3 貿易制限

従来の国際的生産要素移動理論の多くは自由貿易を仮定して分析を行っているが，本稿のモデルでは，現実の世界がそうであるように，国際貿易は関税や非関税障壁によって財の自由な移動が妨げられていると仮定する。これは，Uzawa（1969）や Brecher and Diaz-Alejandro（1977）によって国際資本移動を分析するために用いられたフレームワークの応用である。以下にみるように，外国人労働者受入れの効果は，貿易制限を仮定する場合と自由貿易を仮定する場合とでは大きく異なるのである。

3.1.4 本国送金

前節にみたように，わが国における外国人労働者はその大半が軸足が本国にある出稼ぎ労働者と特徴づけることができる。そのため本国送金の額が非常に大きく受入国内での消費にあてられる部分は少ない。後で見るように，農産物や繊維衣服製品等の輸入可能財の価格やサービス業などの非貿易財の価格は貿易制限の存在によって国際価格よりも高くなっているわけであるが，外国人労働者は所得の多くを本国送金などのかたちで国外に持ち出し，価格マークアップが存在する受入国内での消費部分が少ない。この本国送金効果をモデル化することにより，外国人出稼ぎ労働者が日本経済に及ぼす負の効果が捕捉できるわけである。なお，以下の分析では簡略化のため，外国人出稼ぎ労働者は所得のすべてを本国送金する（輸出可能財の購入にあてる）ものと仮定する。

3.2 モデルの概要

本稿のモデルでは，消費者は次の効用関数で特徴づけられる。

(1) $\quad U = C_1^{\alpha} C_2^{\beta} C_3^{\gamma}, \quad \alpha + \beta + \gamma = 1$

ここで，C_1, C_2, C_3 は，輸出可能財（財1），輸入可能財（財2），非貿易財（財3）の消費量を表しており，Uは社会的効用である。消費者は，(2) の予算制約に従い，(1) の効用関数を最大化するように行動するものとする。

(2) $\quad P_1 C_1 + (1+t) C_2 + P_3 C_3 = Y$

ここで，P_1 は輸出可能財の価格を，P_3 は非貿易財の価格を表しており，Yは国民所得である。輸入可能財の国際価格は1にセットされており，tは貿易制限による輸入可能財の国内価格のマークアップ率を表している。モデルが非常に複雑になるのを避けるため，貿易財の国際価格は所与のものと仮定する。つまり，いわゆる「小国の仮定」をおくわけである。上記の効用最大化問題を解くことにより，3財それぞれについての需要関数を得ることができる。

(3) $\quad C_1 = \alpha Y / P_1$

(4) $\quad C_2 = \beta Y / (1+t)$

(5)　　$C_3 = \gamma Y / P_3$

　一方，3種類の財の生産は次のコブ・ダグラス型の生産関数によって特徴づけられる。

(6)　　$Q_1 = K_1^a l_1^{1-a}$

(7)　　$Q_2 = K_2^b l_2^{1-b}$

(8)　　$Q_3 = K_3^c l_3^{1-c}$

ここで，Q_i，l_i，K_iは，i 財生産部門における生産量，労働投入量，資本投入量を表している。ここで，K_iはモデルにとっての外生変数である。つまり上に述べたように，各生産部門における資本はそこに固定されており，外国人労働者の受入れによって変化しないと仮定されていることに注意されたい。また，モデルでは，$a > b > c$を仮定する。つまり，この国は，自動車などの資本集約財を輸出して，繊維衣服製品などの労働集約財を輸入しており，サービス業などの非貿易財は最も労働集約的であると仮定するわけである。後述するように，わが国では，$a = 0.4242$，$b = 0.3785$，$c = 0.2234$であるものと推定される。

　式（6）から（8）の生産関数を前提として，i 財生産部門の生産者は次の利潤関数を最大化するように行動する。

(9)　　$\pi_i = P_i Q_i - (r_i K_i + w l_i)$

ここで，π_iは利潤を，r_iは資本の利子率を，wは賃金率を表している。この利潤最大化問題を解くことにより，次のような均衡条件が得られる。

(10)　　$a K_1^{a-1} l_1^{1-a} P_1 = r_1$

(11)　　$(1-a) K_1^a l_1^{-a} P_1 = w$

(12)　　$b K_2^{b-1} l_2^{1-b} (1+t) = r_1$

(13)　　$(1-b) K_2^b l_2^{-b} (1+t) = w$

(14)　　$c K_3^{c-1} l_3^{1-c} P_3 = r_3$

(15)　　$(1-c) K_3^c l_3^{-c} P_3 = w$

式（10）から（15）は，均衡状態においては，生産要素の価格はその限界価値生産性に等しいということを示している。

モデルでは国内労働者の数は一定，つまり賃金と余暇のトレードオフはないものと仮定する。したがって，均衡状態においては，3つの生産部門の労働投入量の合計は国内労働者の数（L）と受入れた外国人労働者の数（L_f）の和に等しくなり，式（16）の関係が成立する。

(16) $l_1 + l_2 + l_3 = L + L_F$

非貿易財については，輸出や輸入はないから，式（17）のように国内消費量と国内生産量とが等しくなる。

(17) $C_3 = Q_3$

次に国民所得であるが，外国人労働者がその所得を国外に持ち出す「出稼ぎ労働者」場合についてみてみよう。モデルにおいては輸入品に課せられた関税は一括払いのかたちで消費者に還元されるものと仮定されており，また，均衡状態においては利潤は存在しないから，国民所得（GDPではなくGNPであり，したがって，受入れた外国人労働者に支払われる賃金は含まない）は，式（18）のように国内生産要素に対する支払いと消費者に還元される関税収入とによって構成される。

(18) $r_1K_1 + r_2K_2 + r_3K_3 + wL + t(C_2 - Q_2) = Y$

式の代入により（18）は（19）のように変形することができる。

(19) $P_1Q_1 + (1+t)Q_2 + P_3Q_3 - wL_F + t(C_2 - Q_2) = Y$

つまり，外国人出稼ぎ労働者にはwL_Fの賃金が支払われ，これは本国送金などを通じて国外に持ち出され輸出可能財の購入にあてられる。後でみるように，出稼ぎ労働者の本国送金が受入国の厚生にマイナス効果を与えるわけである。

3.3 外国人出稼ぎ労働者受入れの経済的インパクト

以上でモデルは完結し，外国人労働者受入れの経済的メカニズムを知るため若干の理論的分析を行う。受入国の厚生水準に対する効果を分析するにあたって，まず，式（1）の効用関数は，式（3），（4），（5）を代入することによって式（20）のように変形できることに注目されたい。

(20)　$U = (\alpha/P_1)(\beta/(1+t))\gamma Y/P_3$

式 (20) の両辺の自然対数をとり，これを L_F で微分することによって式 (21) を得ることができる。

(21)　$(\ln U)' = (\ln Y)' - \gamma(\ln P_3)'$

ある変数にダッシュ（'）をつけたものは，この変数を L_F で微分したものを表している。以下でも同様な簡略表記を用いることにする。式 (21) から次の式 (22) を得ることができる。

(22)　$(\ln U)' = Y'/Y - \gamma P_3'/P_3$

ここで，式 (22) は，外国人労働者の受入れが受入国の厚生に及ぼす効果は，受入国の国民所得の変化に基づく効果と受入国における非貿易財の価格の変化に基づく効果とに分解できるということを表しているのに留意されたい。

式 (22) に均衡条件式を代入してやや複雑な変形を繰り返すことによって，基本方程式 (23) を得ることができるが，これは，外国人労働者受入れの効果が4つの要素に分解できることを表している。

(23)　$(\ln U)'Y = B(-L_F w')$ ………… 効果1
　　　　　　$+ B(-tQ_2')$ ………… 効果2
　　　　　　$+ B(Q_3 P_3')$ ………… 効果3
　　　　　　$- (C_3 P_3')$ ………… 効果4

ここで　$B(1+t)/(1+t-\beta t)$，$B>0$ に注意。

なお，最初の3つの効果は所得の変化を通じての効果である。

3.3.1　出稼ぎ労働者受入れの効果1：賃金低下効果（プラス）

w' が負であることを厳密に証明することができるから，効果1は受入国に対するプラス効果である。外国人労働者の受入れは，賃金率の低下を通じて受入国の厚生にプラスの効果を与えるわけである。この外国人労働者をより安く雇うことができることに基づくプラスの効果は，労働経済学者によってしばしば指摘されていたにも関わらず，2×2モデルに基づく従来の国際的生産要素移動理論によっては無視されていた。さらに，このプラスの賃金低下効果の程度は，他の事情が一定であれば，外国人労働者の受入れが大規

模になればなるほど大きくなるということに注目されたい。

3.3.2　出稼ぎ労働者受入れの効果2：貿易制限効果（宇沢効果）（マイナス）

Q_2'が正，つまり，外国人労働者の受入れによって国内での労働集約財の生産が増加するということを厳密に証明することができるから，効果2は受入国の厚生にとってのマイナスの影響を表している。この効果は，輸入制限の存在に起因しており，Uzawa（1969）によって指摘され，Brecher and Diaz-Alejandro（1977）によって厳密に分析されたものである。この効果2のメカニズムを直観的なかたちで述べれば次のようになる。つまり，輸入可能財の国際価格は1にセットしてあっても，その国内価格は貿易制限によってこれより高い（$1+t$）であり，したがってこの場合には受入れた外国人労働者の限界価値生産性は（$1+t$）dQ_2/dl_2であって，国際価格で評価した（真の）限界価値生産性dQ_2/dl_2よりも大きくなっている。外国人労働者に対して支払われる賃金は（国内での賃金差別が存在しないことが仮定されているので）国内価格で評価された労働の限界価値生産性に等しくなるため，いってみれば外国人労働者に対するtQ_2'の超過支払いとなり，この超過支払いが受入国の国民所得を減少させ厚生を低下させることになるわけである。さらに，このマイナスの貿易制限効果は，他の事情が一定であれば，tが小さくなればなるほど（つまり貿易が自由化されていけばいくほど）小さくなる。$t=0$つまり，自由貿易という極端な場合には効果2は消滅する。

3.3.3　出稼ぎ労働者受入れの効果3：非貿易財所得効果（マイナス）

現実的なパラメータ値の範囲内ではP_3'が負であることを厳密なかたちで証明することができるので，効果3（非貿易財所得効果）は負の効果である。国民所得は3つの財の生産額（P_1Q_1+（$1+t$）$Q_2+P_3Q_3$）に関税収入を加えこれから外国人労働者に対する賃金支払い分を減じたものであるから，外国人労働者受入れによる非貿易財価格の低下は，非貿易財生産部門で働く国内労働者の所得減少というかたちを通じて国民所得にマイナスの影響を与え，厚生全体にもマイナスになるというわけである。いうまでもなく，非貿易財生産部門の存在を考慮しない従来の国際的生産要素移動理論のもとではこの

非貿易財所得効果は無視されることになる。

3.3.4 出稼ぎ労働者受入れの効果4：非貿易財価格効果（プラス）

P_3' は負であるから，効果4（非貿易財価格効果）は受入国の厚生に対してプラスになるものである。ある意味では，効果4は効果3を別の観点からみたものに過ぎない。つまり，外国人労働者の受入れによって非貿易財の価格が低下することは，消費者にとっては同額の所得でもより多くの消費ができることになるから好ましいことである。上に述べたように，外国人労働者を受入れることによって，受入国の国民は，たとえば安価なメイドサービスや道路清掃を享受できるわけである。しかし，効果3と効果4を合わせたネットでの非貿易財効果は受入国に取ってマイナスであることに留意されたい。このことの証明は非常に簡単である。つまり式（5）と式（23）から次の式（24）が得られる。

$$(24)\quad 効果3 + 効果4 = (B/Y)(Q_3 P_3') - C_3 P_3'$$
$$= \gamma P_3 (B-1) P_3'$$

$B > 1$，$P_3' < 0$ であるから，ネットでの非貿易財効果がマイナスであるのは明らかである。つまり，外国人労働者の受入れによって非貿易財の価格が低下した場合には，受入国の消費者が安価なメイドサービスや道路清掃を享受できる反面，これはメイドや道路清掃人などをして働いている受入国民の所得を減少させることになるわけである。そして，マイナスの効果3の方がプラスの効果4よりも大きく，ネットでの非貿易財効果がマイナスとなるわけである。

3.4 国内労働者の増加，定住移民の受入れとの比較

上記のように長期的な生活の軸足が本国にある「出稼ぎ労働者」の受入れは受入国たる日本に対しさまざまな効果を与え（あるものはプラス，あるものはマイナス），全体としての経済厚生に及ぼす効果がどうなるかは一概には言えない。特に，さまざまな関税障壁・非関税障壁が少なくないという現状にかんがみると宇沢効果が強く働き受入れがマイナスとなる可能性が強い

ものと思われる。

　これに対し，女性労働者・高齢労働者・若年労働者などといった国内労働力の増加は受入国の厚生にどのようなインパクトを及ぼすのであろうか。上述の均衡条件を用いて（25）を厳密なかたちで証明することができる。

(25)　　$\partial U/\partial L > 0$

国内労働者の増加はLの増加で表すことができるから，（25）は国内労働者が増加すればわが国の経済的厚生は確実に上昇することを示しており，出稼ぎ的外国人労働者受入れの効果がプラスかマイナスかが不明確なのとは対照的である。つまり，少なくても純経済学的にみた場合には，少子高齢化に伴って予想される人手不足に対処する方策としてはいわゆる単純労働者をも含めた外国人労働者の大量受入れよりも女性の一層の職場進出の推進などのほうが望ましいといえよう。

　それでは，日本に定住し日本で得た所得を日本国内で消費する「定住移民」の受入れはわが国の経済厚生にどのようなインパクトを与えるのであろうか。上記の式（19）のように，出稼ぎ労働者の場合には，外国人労働者には WL_F の賃金が支払われ，これを国外に持ち出し輸出可能財の購入に支出される。労働集約財たる輸入可能財に関税 t がかかっているため輸入可能財の価格は国際価格よりも高くなっている。したがって，輸入可能財に集約的に投入されている労働の価格（賃金）が国際価格よりも高くなっている（ストルパー・サミュエルソンの定理）。つまり，外国から労働を受入れて，いわばマークアップされた賃金を支払うことによって受入国の厚生が低下するのである（宇沢効果）。しかしこれは輸出可能財のみを消費する出稼ぎ労働者の場合にいえることであって，受入国に定住し，関税によりマークアップされた輸入可能財や非貿易財をも消費する「定住移民」の場合にはそのマイナス効果は出稼ぎ移民の場合よりも小さい。つまり，定住移民の場合，関税によってマークアップされた高い賃金率が支払われるが，同時にマークアップされた高い輸入可能財や非貿易財を購入することにより，相殺されて受入国に対するマイナス効果が少なくなったりプラスになったりするわけである。

つまり，少なくても純経済学的な観点からみれば，少子高齢化に伴って予想される労働力需給ギャップに対処する方策として外国人労働者を受入れる場合には，本国に軸足のある出稼ぎ労働者として受入れるよりも，いわば日本人になってもらうための「定住移民」として受入れるほうが望ましいといえるわけである。もちろんこうしたシンプルなモデルでの分析結果を性急に現実にあてはめようとすることは危険を伴うので今後の研究の蓄積が待たれるところである。しかし，わが国において外国から日本人になるための人々を受入れるというコンセンサスが得られているかどうかははなはだ疑問であり，少子高齢化時代における労働力不足に対処するため大量の「移民」を受入れることは容易ではあるまい。

4. 外国人出稼ぎ労働者受入れのインパクト：実証

式（23）にみたように，出稼ぎ労働者受入れの経済的効果は4つのサブ効果に分けることができ，あるものはプラス効果，あるものはマイナス効果を与えるものであった。しかし，以下の実証分析によれば受入国に及ぼす厚生効果は外国人出稼ぎ労働者の受入れ規模に依存し，現実的な規模の受入れではマイナスになるようである。つまり，非常に大規模な受入れ（ハリケーン）の場合にはプラスになるが小規模な受入れ（すきま風）の場合にはマイナスになるのである。以下では上記モデルを用いたシミュレーションにより，受入れ規模と受入国の厚生との関係を実証的に見てみよう。

4.1 データと推計方法

基本的な推計方法やパラメータの値は，後藤（1990）を踏襲することとし，その具体的方法は以下のとおりである。まず，わが国の各産業は，理論モデルに適合するように，輸出可能財生産部門，輸入可能財生産部門，非貿易財生産部門の3つに分類する必要がある。この分類は次の基準によって行われた。まず，輸出シェア（総供給額に占める輸出額の割合）と輸入シェア（総需要額に占める輸入額の割合）の両方がある値（5パーセント）未満の産業は

非貿易財生産部門に分類された。次に，非貿易財生産部門以外の産業は，輸出シェアが輸入シェアよりも大きい場合は輸出可能財生産部門に，逆に輸入シェアが輸出シェアよりも大きい場合には輸入可能財生産部門に分類された。

次に必要なのは，モデルにおけるパラメータ（α，β，γ，a，b，c，t，K_1，K_2，K_3，L，P_1）の値を特定することである。まず第1に，3つの生産部門における資本ストック（K_1，K_2，K_3）と国内労働者数（L）とに関しては現実のデータが入手可能であった。第2に生産関数（6）－（8）におけるa，b，cの値を特定しなければならない。これらの値を実際に測定するのは著しく困難なため次のような間接的な方法がとられた。つまり，基準年（1986年）において観察された内生変数の値を，モデルによって実現された理論値に等しいものと仮定し，a，b，cの値を観察された内生変数（r_i，w，l_i）の値から逆算して，a＝0.4242，b＝0.3785，c＝0.2234という値を得たわけである。第3に，P_1とtの値を特定しなければならない。カバレッジ率で調整した平均関税率と非関税障壁の関税相当率に対するLaird and Yeates（1990）の研究結果からt＝0.2174という値を得た。そして，式（5）－（8）および（19）並びにQ_iとK_iの観察値に基づいてP_1＝1.07という値を得た。第4に，効用関数（1）におけるα，β，γの値を特定しなければならない。ここで，効用関数はコブ・ダグラスの関数形式を有しているため，これらは各財に対する支出シェアに等しいということに注目して，α＝0.2077，β＝0.2529，γ＝0.5394という値が得られた。つまり，非貿易財に対する支出は消費支出全体の過半数を占めているということで，このことは非貿易財の存在をモデルの中に取り込むことが重要であるということを示している。

4.2　推計結果

上記のようにして，各産業を3つの生産部門に分類し，またすべてのパラメータの値が特定できたので，モデルを解いて16個の内生変数すべての理論値を求めることができる。ここでは，外国人出稼ぎ労働者の受入れ規模が

受入国の厚生レベルにどのような影響を及ぼすかに関心があるため、L_F にさまざまな値を入れてシミュレーションを繰り返した。その結果は図表7のとおりである。このように、受入国の厚生水準は、最初のうちは外国人労働者の受入れ数が増えるにつれて低下するが、一定の受入れ数（A）を超えると外国人労働者の受入れ数の増加に伴って上昇していく。そして、受入れ数がBを超えると、移民受入れがゼロの場合よりも厚生レベルが高くなる。つまり、受入れ規模がBになってはじめて受入れの厚生効果がプラスと言えるわけである。シミュレーションの結果によると、A点の受入れ数は526万人、B点の受入れ数は1,120万人である。現在わが国にいる外国人労働者数が約80万人であることを考えると、それらは非常に大きい数字でそうしたハリケーン的受入れは非現実的にみえよう。

もちろん、シミュレーション結果はパラメータの値に依存するものであり、特に t（関税率プラス非関税障壁の関税相当率）の値は正確なものでない可能性があるため、さまざまな t の値を用いてかなり大胆な感応分析を

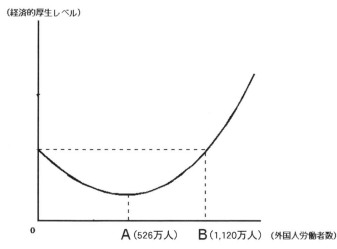

図表7　外国人労働者受入れ規模と経済的利益

（出所）筆者による推計。詳しくは本文参照。

図表8　感応分析結果

	t	B（万人）
推計ベース値	0.2174	1,120
プラス25%	0.2718	1,480
マイナス25%	0.1631	800
プラス50%	0.3261	1,880
マイナス50%	0.1087	510

（出所）筆者による推計。詳しくは本文参照。

行った。その結果が図表8にまとめられている。そこでは，tの値をプラスマイナス25パーセント，プラスマイナス50パーセント変化させて感応分析を行っている。

確かに，tの値に応じてB点での外国人受入数は変化する。しかし，パラメータtの値が当初の推計値の半分という非常に極端なケース（t＝0.1087）においても，外国人出稼ぎ労働者の受入れがプラスの厚生効果を与えるのは510万人となり，現実の80万人弱を大きく超える人数となる。逆に，tの値を50パーセント増やした場合（t＝0.3261）には，1,880万人もの外国人労働者を受入れるのでない限り，わが国の厚生はマイナスとなる。

5.　少子高齢化に対処する諸政策

上に見たように，現実的な規模での外国人出稼ぎ労働者の受入れは受入国たる日本の厚生を減少させるマイナス効果を伴うもののようである。しかし，将来の人手不足に対処するための方策は外国人労働者受入れに限られているわけではない。労働生産性の向上，モノの移動による代替（労働集約財の輸入），女性・高齢者・若者などの国内労働者の活用などさまざまな代替策がある。

まず第1に，中長期的な人手不足を回避するには広い意味での労働生産性向上が不可欠である。わが国の生産年齢人口は今後20年間に1,300万人減少（約16パーセントの減少）していくが，労働生産性が16パーセント向上すれば今と同じ生産レベルが維持できる。20年間に1,300万人減少というの

は年率になおせば0.9パーセント程度である。かつてわが国の生産性は年率3パーセント以上の伸びを示していたことを忘れてはならない。日本経済全体での生産性を向上させるためには，投資や創意工夫を通じて事業所レベルでの単位生産性（unit efficiency）を引き上げるだけでなく，産業構造の変化を通じた配分生産性（allocation efficiency）を引き上げることも重要である。つまり，人手不足時代にあっては労働集約的な低生産性部門を縮小し，資本集約的・知識集約的な高生産部門を拡大して，日本経済全体としての生産性を高めることが不可欠である。

　第2に，ヒトの移動の代わりにモノやカネを移動させるという選択肢も重要である。外国人労働力を活用する方策は，直接的な外国人労働者受入れに限定されるものではない。ヒトの移動（外国人労働者）だけでなく，モノの移動（貿易自由化）やカネの移動（海外直接投資）によって間接的に外国の労働力を活用することができる。たとえば，フィリピン人に日本に働きに来てもらう代わりに，日本の企業がフィリピンに進出してそこで現地人労働者を雇用したり，フィリピンで生産されたものを輸入したりすれば日本国内で必要とされる労働力を節約できる。つまり，労働者を輸入する代わりに労働集約財を輸入することによって，外国人労働力を間接的に活用しようというわけである。筆者の推計（後藤2009）によれば，貿易自由化による外国人労働力の間接的活用のほうが，外国人労働者の直接的受入れより，はるかに大きなインパクトがあるようである。

　第3に，女性，高齢者，若年者等の国内労働者をより一層活用するという重要な代替策を忘れてはならない。高齢化の進行の中で高齢労働者の活用は重要であるし，近年，ニート，フリーターなど十分には戦力化されていない若者が増えているのでこうした人々の活用も大切である。しかし，国内労働力の活用においては，なんといっても女性の職場進出の効果が大きい。人口の半分は女性であるが，日本人女性の労働力率は欧米諸国に比べてかなり低く，活用の余地はきわめて大きい。このためには①子育て支援，②真の再チャレンジの確保，③古い役割分担意識の打破，などが必要であろう。

6. 結語

　以上，わが国における少子高齢化と外国人労働者問題を概観したのち，一般均衡論に基づくモデルを用いて，外国人労働者受入れの経済的インパクトを検討してきた。既にみたようにわが国における外国人労働者の多くが，軸足が本国にある「出稼ぎ労働者」であるため，受入れの効果はマイナスになりやすいようである。前節のシミュレーション結果は，もしわが国が外国人出稼ぎ労働者を合法的なものとして受入れこれに伴うマイナスの経済効果を避けようとするならば，現行の80万人程度ではなく1,000万人規模のハリケーン的受入れが必要であることを示しているが，これはかなり非現実的な数字であろう。

　こうした結論についてはさまざまなコメントが可能であろう。たとえば，外国人労働者に対して賃金差別が行われるのであればより小規模な受入れでもわが国はプラスの影響を受けることが理論的には可能である。しかし，外国人労働者を合法的に受入れる場合には，そうした賃金差別は人道的にも法的にも許されないものである。また，賃金差別をしなくとも，受入れた外国人労働者に対して移民税のようなものを課せば同様な効果を持つことが理論的には可能である。これは，つとに Ramaswami（1968）が資本受入れに対して課する最適税率を分析したとおりである。しかし，貧しい開発途上国が先進国から資本を受入れる場合に資本受入れ税を課することができても，豊かな日本が近隣アジアや中南米からやってくる外国人労働者に対して移民税を課するというようなことは国際的に容認されるものではあるまい。

　最後に，人手不足を克服する手段は外国人労働者受入れに限定されるものではなくさまざまな代替策があるということも忘れてはならない。前節でみたように，代替策の第1は労働生産性の向上である。日本経済全体での生産性を向上させるためには，投資や創意工夫を通じて事業所レベルでの単位生産性（unit efficiency）を引き上げるだけでなく，低生産性部門を縮小と高生産部門の拡大を通じた配分生産性（allocation efficiency）を引き上げることが重要である。第2の代替策は，いうまでもなく女性，高齢者，若年者等の

国内労働者の活用である。特に，人口の半分を占める女性の職場進出は重要で，このためには①子育て支援，②真の再チャレンジの確保，③古い役割分担意識の打破，などさまざまな施策を積極的に進めていくことが必要であろう。第3の代替策は外国人労働力の間接的活用である。つまり，直接的な外国人労働者受入れ（ヒトの移動）の代わりにモノの移動（貿易自由化）やカネの移動（海外直接投資）によって間接的に外国の労働力を活用することができることも忘れてはなるまい。

参考文献

Brecher, R. and C.F. Diaz-Alejandro (1977), "Tariffs, Foreign Capital, and Immiserizing Growth," Journal of International Economics, Vol. 7, pp. 317–322.

Goto, J. (1998), "The Impact of Migrant Workers on the Japanese Economy: Trickle vs. Flood," Japan and the World Economy, vol. 10, pp. 63–83.

後藤純一（1990），『外国人労働の経済学：国際貿易論からのアプローチ』東洋経済新報社．

後藤純一（2009），「少子高齢化時代における外国人労働者問題」伊藤元重編『国際環境の変化と日本経済』慶應義塾大学出版会．

Inter-American Development Bank (2006), *Remittances from Japan to Latin America～Study of Latin American immigrants living and working in Japan.*

Laird, S. and Yeats, A. (1990), *Quantitative Methods for Trade Barrier Analysis*, London: Macmillan.

Morgan, L. and Gardner, B. (1982), "Potential for a U.S. Guest-Worker Program in Agriculture: Lessons from the Braceros," in B. Chiswick ed. *The Gateway: U.S. Immigration, Issues and Politics*, Washington, D.C., American Enterprise Institute for Public Policy Research.

日本労働研究機構研究所（1998），『日系ブラジル人の日本での就労に関するアンケート調査』結果．

Ramaswami, V.K. (1968), "International Factor Movement and the National Advantage: Reply," *Economica*, Vol. 37.

Uzawa, H. (1969), "Shihon Jiyuka to Kokumin Keizai (Liberalization of Foreign Investments and the National Economy)", Ekonomisuto Vol. 23, pp. 106–122.

Summary

Economic Analysis of Migrant Workers under the Era of Aging Population in Japan

Junichi Goto (Keio University)

The purpose of this paper is to investigate salient features of migrant workers in Japan and to analyze their economic impact on the host country. In the analysis, the clear distinction is made between "permanent migrants" and temporary "guest workers." Using a general equilibrium framework, we found the following three points:

(i) In Japan, most of migrant workers are characterized as temporary guest workers rather than permanent migrants;

(ii) Admission of guest workers has negative economic impact on host country, unless the scale of admission is very large;

(iii) Admission of permanent migrants is better than that of guest workers for host country.

少子高齢化時代における外国人労働者受入れ政策の経済学的分析

◇コメント◇

愛知学院大学　多和田　眞

　世界経済のグローバル化に加えて，少子高齢化の進展によって日本は外国人労働者の受入れ問題がますます重要な課題となっている。本論文の報告者である後藤純一氏はこれまで長い間，日本の外国人労働者受入れ問題に取り組んでこられ，この分野での重要な学術的貢献をされている。1980年代後半の円高・バブル経済の中での人手不足により，日本において本格的な外国人労働者受入れ問題が浮上してきた。今回は少子高齢化にともなう外国人労働者受入れが課題の中心となっている。本報告では日本における外国人労働者受入れの現状を紹介し，一般均衡モデルを用いて外国人労働者受入れが日本経済に与える影響をシミュレーションによって分析し，労働不足の望ましい解決方法として十分に活用されていない国内労働者の積極的な雇用について考察している。

　本報告は日本における外国人労働者の受入れ実態の特徴として，非定住・出稼ぎ型の労働者の割合が多いことを指摘し，シミュレーション分析において出稼ぎ型の外国人労働者の受入れは大規模に行わない限り日本の経済厚生にプラスの効果をもたらさないが，国内労働者や定住型労働者の増加はプラスの効果をもたらすことを明らかにしている。そしてこのシミュレーション分析の結果を踏まえて，今後日本にやってくる外国人労働者も非定住型が中心であるとすれば，大規模な受入れは非現実的であるため，国内労働者，特に女性労働者の積極的な活用を推進していくことを提案している。本報告は国内女性労働者の活用を外国人労働者受入れとの関係で論じている点でユニークなものとなっている。

　以下，本報告に関するコメントを順に述べていきたい。
1. 外国人労働者受入れの代替案として国内の女性労働者の活用を提案されているが，実際それによってどの程度の労働力を確保できるのか，また外国人労働者と国内女性労働者との間での代替がどの程度可能であるかを明確に

しておく必要がある。

2. 本報告では言及されていないが，単純外国人労働者の受入れは生活習慣や言語・文化の違いなどから生じる外部経済・不経済の効果が無視できない。現実の問題としてこの点が受入れの是非の議論に重要であるが，この効果を計量的に評価することが困難なこともあって，議論の中で十分考慮されているようには思われない。このような観点から受入れ規模や非定住型・定住型いずれのタイプの移民の受入れが望ましいかなどの議論をしていくことも必要であろう。

3. 外国人労働者と国内労働者との間の関係は代替・補完のどちらであるのかが外国人労働者受入れの議論にとって重要であろう。この関係は産業分野によって異なるであろうが，一般的には単純外国人労働者の受入れは補完的な役割を果たす職種と思われる3K職場や老人介護・医療施設などで求められる傾向が強い。しかし受入れ規模が大きくなると代替的な職種にも流入するようになると思われる。こうした受入れと職種の構造によって受入国の経済厚生は影響を受けるであろう。

4. 日本が受入れてきた外国人労働者はこれまで非定住型が多かったとしても，今後受入れていく外国人労働者も非定住型が中心かどうかははっきりしないのではないか？日本社会が欧米に比べて閉鎖的な島国で言語・文化の違いがあるにせよ，そうした障壁はグローバル化の中で縮小傾向にあり，また移民政策の内容によっても移民の定住化は影響を受けるだろう。定住移民がある大きさの規模になると逓増的に増えていくことが予想される。

次にシミュレーション分析に用いられるモデルと分析結果に関するコメントを行っていきたい。モデルは2財2要素のヘクシャー＝オリーン・モデルに非貿易財部門を導入して外国人労働者受入れを意義づけ，さらに資本を特殊要素とすることによって総労働量の変化が国内賃金に影響を与えるような仕組みになっている。以下引き続いてコメントを述べていくことにする。

5. 本モデルでは，国内総労働量＝国内労働量＋外国人労働量となっている。この定式化では国内労働と外国人労働は完全代替であることが暗黙裡の仮定

となっている。したがって外国人労働者の流入は必然的に国内賃金の低下となる。コメントの3でも触れたように，外国人単純労働者の受入れは国内熟練労働者との補完的役割を期待する場合も多く，その場合には国内の熟練労働の賃金は上昇する可能性もある。例えば，本大会で報告のあった齋藤宗之・加藤真也・武田史郎著「応用一般均衡モデルによる日本の外国人労働者受け入れの定量的分析」において労働者を熟練と非熟練に区別して計量分析がなされており，どのような労働者を受入れるかによって，国内の賃金への効果は異なることが示されている。したがって，外国人労働者の国内労働者との補完的役割も考慮したモデル構築が望まれる。

6. 本モデルでは資本が特殊的と仮定されているため，短期的な分析に有効なモデルといえよう。したがってシミュレーション分析において用いられるパラメータや変数のデータがいつの時点のものでそれをいつの時点の予測に使うのかに注意を払う必要がある。

7. 本モデルは均衡モデルであり，シミュレーションに使用する方程式やパラメータは均衡経済を前提としていることから，将来予測においてもその経済が均衡経済を前提としていることに注意する必要がある。国際収支は不均衡になりやすいため，この点への配慮も必要と思われる。

8. シミュレーションは理論的に効果がプラス・マイナスのはっきりしない外国人非定住型労働の増加の影響について行っているが，これと国内労働の増加と組み合わせたシミュレーション分析も興味のある分析となるように思われる。

　本報告は少子高齢化社会を迎えた日本経済において女性労働の積極的な活用を外国人労働者受入れとの関係で論じた点で意義のある報告となっている。また外国人労働者受入れをめぐっては様々な要因が複雑に絡み，多様な議論が展開されている中で，経済学的な観点から非常にシンプルで説得的な分析によって明快な結果を提示されている点も大変評価できる。したがって上に述べたコメントは本報告において留意すべきと思われる点を述べたものであり，これらのコメントが本報告を基礎として，今後さらに精緻な議論の展開をしていくための示唆となることを願うものである。

共通論題

我が国経常収支の長期的変動と短期的変動：1980–2014

神戸大学大学院経済学研究科　松林　洋一

要旨

　本論文では，1980年から2014年までの我が国経常収支の長期的変動と短期的変動を，多面的なアングルから俯瞰，展望する。およそ30年近くの経常収支の変動には，構造的な要因，循環的な要因，その他要因が重層的に作用している。特に現下の経常収支減少には，これらすべての要因が影響しており，それゆえ変動の解明を困難なものにしている。計量分析に基づけば，我が国の経常収支は2020年代半ばには赤字化する可能性もある。

キーワード：経常収支，構造的要因，循環的要因，双子の赤字

1. はじめに

　2014年上半期の我が国の経常収支は約5000億円の赤字を計上した。半期間にわたる経常収支赤字は，比較可能な1985年以降では初めてとなった。経常収支の悪化は，日本の稼ぐ力の減退を示していると危惧されている。また経常収支が赤字に転化した場合，財政赤字がマクロ経済に深刻な影響を及ぼす（所謂「双子の赤字」が発生する）とも言われている。

　しかし経常収支の推移が早晩大きな転換点を迎えるであろうと危惧されている反面，同テーマに関する学術的な研究は極めて蓄積が少ない。経常収支とは，国内外の諸変数の動きが集積し，高度に集計化されたマクロ変数であ

り，それゆえ理論的・実証的な考察が難しいが，鍵となるのは複眼的かつ柔軟なアングル，視点に基づいて分析を進めていくことである。具体的には，経常収支に関する複数のアングルからの観察，短期的な要因（循環的要因）と中長期的な要因（構造的要因）という複数の視点からの考察を精緻に行っていくことが不可欠である。本報告では，我が国経常収支の過去，現在の姿を，上記のようなスタンスから多面的に分析し，将来の推移，予想についても若干の展望を試みる。そしてこのような考察を通じて我々は，日本経済の循環と成長のダイナミズムの特徴を，開放体系の枠組みにおいてレリーフすることが可能となる。

構成は以下の通りである。第2節では，我が国経常収支の推移を長期的な視野に基づいて俯瞰，展望する。第3節では1980年代から現在に至る経常収支の変動を，貯蓄-投資バランスの側面に依拠していくつかの要因に析出し，同期間の特徴を明らかにする。第4節では対外取引面にアングルを当て，輸出と輸入の推移について詳細に考察する。第5節では第3節での分析結果を用いて，今後の経常収支の推移に関する若干の予測を行う。本稿で得られた知見は，第6節において要約される。

2. 我が国経常収支の長期的推移

一国経済の成長と発展は，そのプロセスにおいて必然的に他国との経済取引を促進，深化させていく。第二次世界大戦後の我が国経済は，驚異的な高成長と軌を一にする形で，着実に海外取引を拡大させていった。1950年代半ばには，1兆円にも満たなかった財・サービスの輸出入額は，半世紀の年月を経た今日，GDP比で10％近い水準にまで拡大している。

そこで，まず19世紀後半から今日までの我が国の経常収支の推移を展望し，その特徴を素描しておく。図1には，1885年から2013年までの我が国経常収支の対GDP比の推移が描かれている。また表1には，10年ごとの平均値が整理されている。およそ130年間の時系列は，（1）1885年から第二次世界大戦終了時，（2）1950年代から1970年代，（3）1980年代から現在ま

図 1　我が国経常収支の長期的推移（対 GDP 比（%））
1885–2013

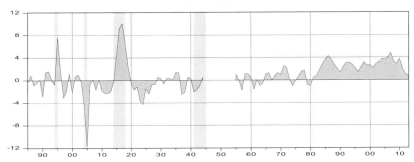

表 1　我が国経常収支の長期的推移（対 GDP 比（%））
1885–2013

年代	平均値		最大値		最小値	
1880	−0.148	(1885–1889)	0.854	(1886)	−0.862	(1887)
1890	0.546		7.601	(1895)	−3.091	(1897)
1900	−1.766		0.996	(1902)	−11.762	(1905)
1910	2.673		10.077	(1917)	−2.293	(1912)
1920	−1.571		0.542	(1929)	−4.320	(1924)
1930	−0.095		1.389	(1935)	−2.470	(1939)
1940	−0.707	(1940–1944)	0.541	(1944)	−2.064	(1941)
1950	0.244	(1955–1959)	1.162	(1959)	−1.791	(1957)
1960	0.170		1.290	(1966)	−1.647	(1961)
1970	0.694		2.522	(1971)	−0.957	(1974)
1980	2.328		4.264	(1986)	−1.033	(1980)
1990	2.411		3.166	(1998)	1.310	(1990)
2000	3.295		4.809	(2007)	2.140	(2001)
2010	1.864	(2010–2013)	3.708	(2010)	0.700	(2013)

（　　）内は年を示す

での，3 期間に大別することができる[1]。

　1885 年から第二次世界大戦終了時までの期間には，いくつかの大きな変

---

[1] 戦前期の系列は，山澤・山本（1979）から，戦後期は「国民経済計算年報」（経済企画庁・内閣府）から入手した。

動が見られることがわかる。これらはいずれも大規模な戦争，天災に起因している。具体的には，日清戦争（1894–1895）における賠償金獲得（移転収支黒字）に伴う経常収支黒字，日露戦争（1904–1905）における軍需品輸入の増大に伴う経常収支赤字，関東大震災（1923）による輸出減少を反映した経常収支赤字を示している。しかしこのような突発的な出来事に伴う対外不均衡の発生を除けば，±1％程度の不均衡が発生しているに過ぎない[2]。

　1945年から1954年までは，太平洋戦争直後の経済的混乱のために，GDPデータを入手することができない。1955年以降しばらくは顕著な不均衡は観察されず，表1の整理からも確認されるように，1950年代，60年代，70年代はいずれも1％以下の黒字に過ぎない。表現を変えれば，1950年代から1970年代にかけての30年間は，比較的短期に変動する時期であったと解釈できる。1980年代に入ると，様相は一変する。1980年には約0.7％の黒字であったが，わずか7年で6倍以上の水準に達し，GDP比で約4.5％の高い黒字を計上するに至った。このような傾向は，1987年以降急速に低下していくが，80年代の平均値は2.32％となっていた。1990年代にも黒字基調に変化はなく，平均値（2.32％）で見ても80年代の大差ない。2000年代にも黒字傾向は持続しており，ピーク（2007年）には，約4.8％の黒字となっており，1980年代以降で最大の水準となっていた。しかし2010年代に入ると様相が一変し，急速に黒字が縮小し始めて，直近（2013年）では0.7％の黒字となっており，同水準は1980年の値とほぼ同じである。

　上記の素描は再度整理しておくと，以下3点に要約できる。

　（1）明治期から第二次世界大戦までは，大規模な戦争，天災に伴う大幅な対外不均衡が観察されるが，それ以外の時期には±1％程度の不均衡が発生していたに過ぎない[3]。

　（2）1950年代から1970年代にかけては，経常収支黒字，赤字が循環的に発生しており，短期的な変動が顕著であった。

---

[2] 図1において影を付けた部分は，左から日清戦争，日露戦争，第一次世界大戦，太平洋戦争の時期を示している。

(3) 1980年代から2000年代までの約30年間は，経常収支が持続的に黒字基調となっていた。しかし2010年代に入ると黒字は急速に低下し始めている。

　これらの整理に基づいて，我が国経常収支の長期的推移を大胆に特徴付けるとすれ「1980年代まではほぼ均衡していたが，1980年代からおよそ30年間にわたり，恒常的な黒字基調にあった」ということになる。マクロ経済学の初歩的概念を再説するまでもなく，国際的な資本移動が全く行われないような閉鎖経済のもとでは，一国の投資水準（設備投資，住宅投資等）は，国内貯蓄に規定される。換言すれば，総投資は事後的には総貯蓄に等しくなるので，貯蓄－投資バランスとして定義される経常収支が不均衡化する可能性はない。他方，国際資本移動に関する諸規制が緩和され，資本移動が活発化すればするほど，国内投資は海外資金によってファイナンスされ，国内貯蓄との相関は低下，経常収支が均衡化する必然性は低くなる。このようなマクロ経済学の概念に照らし合わせて，我が国経常収支の長期的推移を捉えてみると，国際資本移動（あるいは資本資本市場の統合）の程度と，経常収支（あるいは貯蓄－投資バランス）の推移には，少なからず相関があると考えられる。Bordo et al（1998）が概説しているように，19世紀後半から20世紀前半にかけての国際資本市場は，英国，フランス，米国，カナダを核として形成，統合化されていった。他方，当時新興国であった我が国は，国際資本市場からファイナンスを行うことは極めて困難であり，経常収支は，その帰結として大きく不均衡化することはなかった。したがって日清，日露，第一次世界大戦といった大規模な戦争は，このような経済環境にあって，突発的，特殊的要因として経常収支を一時的に大きく不均衡化していた。

　第二次世界大戦以後も，およそ30年間は資本規制の影響が強く，我が国の国際資本移動は決して高い水準にあるとは言えず，海外からの資金ファイナンスの制約から，経常収支の不均衡も常態化することはなく，短期的な変

[3)] 同様な指摘は，新開（1982）においてもなされており，1980年代以前の約100年にわたる我が国の経常収支はほぼ均衡していたと述べている。なお戦前期における我が国の経常収支については松林（2015）において詳細な展望がなされている。

動が繰り返されてきた[4]。

　しかし1980年代に入ると，1980年12月の外国為替法改正，1984年4月の実需原則，直物持高規制の廃止等によって，外国為替取引の原則禁止が大幅に緩和され，国際資本移動は一気に加速化していった。これらの制度上の大幅な緩和のみならず，情報化関連のハード・ソフト両面からの急速な技術進歩によって，国際資本移動は1980年代以降飛躍的に活発化し始めた。そして国際資本移動の自由化は，日本や米国といった先進諸国における経常収支の不均衡を加速化，常態化させることになった。1980年代以降の我が国における経常収支黒字の定着は，このような開放経済の環境変化の中で位置付けることができるのである。では，1980年からおよそ30年間にわたる日本の経常収支の決定と変動のメカニズムとはどのようなものであろうか。次節ではこの点をより詳細に見ていくことにする。

3. 経常収支の変動要因

　経常収支は，マクロ経済を構成する主要変数の一つであり，所得，消費，投資といった国内マクロ経済を構成する諸変数の変動と密接に結び付いている。また，一国経済を開放経済体系として見据えた場合，他国の経済状況も，自国の経済諸変数を通じて，経常収支に影響を及ぼすことになる。換言すれば，経常収支の決定と変動は，国内外のマクロ諸変数の挙動の集積であり，極めて高度に集計化されたマクロ変数である。それゆえ，複眼的かつ柔軟な視点からの分析が不可欠となる。

　具体的には，経常収支の変動は（1）短期的，循環的要因に基づく変動，（2）中期および長期の構造的要因に基づく変動，（3）その他要因による変動，の3つの要因に分けることが有益である。ここで「短期」とは景気循環の1周期の平均的長さ（3年から5年程度）を示している。「中期」とは5年から

---

[4] 当時の日本は，固定相場制を採用していたため，所謂「国際収支の天井」に直面していた。したがって経常収支の主要項目である貿易収支の顕著な赤字は，外貨準備の面からも持続することはなかった。

10年程度の期間を,「長期」とは10年以上の時間視野をイメージしている。「循環的要因」とは,経常収支の変動において,短期的な変動要因(国内外の景気循環,為替レートの変化など)によって影響を受ける部分を示している。「構造的要因」とは,諸価格の調整によって,生産要素(資本,労働)の完全雇用が実現している経済のもとで,民間経済主体が最適化行動をとっている状態のもとで発生しており,中長期の時間視野において概ね達成可能であると想定している。

ここで長期における構造的要因と中期における構造的要因の特徴を,予め整理していく。中期の場合には,人口が大きく変化しない期間(5年から10年程度)を想定しており,このもとで,家計や企業の最適化行動に基づく貯蓄,投資等の変動が経常収支に及ぼす部分を取り上げている。具体的には,恒常所得仮説に基づく家計貯蓄(消費),住宅投資決定,Tobinのqに基づく設備投資決定が鍵となる。他方長期の期間においては,経済全体の人口が変化していく期間を想定し,人口構成の変化が家計,企業の行動に及ぼす影響を通じた経常収支への変化を考慮する。例えば生産年齢人口の低下(高齢化)は,家計貯蓄の趨勢的な減少(取り崩し)に結びついている。また生産年齢人口の低下に伴う期待需要(あるいは期待収益)の減少は,設備投資の鈍化をもたらす可能性が高い。このような貯蓄・投資の長期的ダイナミズムは経常収支の趨勢的な動きにも影響を及ぼすはずであり,所謂「国際収支発展段階説」として知られている。

上記の整理に基づき,本分析では1982年第1四半期から2011年第4四半期までの我が国経常収支(対GDP比)の動きを,1)循環的要因,2)中期的な視野における構造的要因,3)長期的な視野における構造的要因,4)その他要因,という4つの要因に分解してみることにする[5]。

中期の構造要因に基づく変動(図2)は,経常収支黒字が拡大していた1980年代に上昇していることがわかる(図2の推移を構成する諸項目は図6に示されている)。現実の経常収支は80年代後半には縮小していたが,構造的要因は80年代の10年間にわたって増加している姿が見て取れる。これは,

図2 経常収支の中期的構造要因（対GDP比）

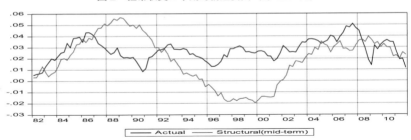

1) 家計貯蓄率の構造的要因が比較的高い水準で維持している，2) 財政収支の構造的要因が1980年代の10年間に漸次改善している，という2点に起因している。経常収支の構造的変動は，1990年代の10年間は一転して悪化している。同時期の要因としては，家計貯蓄率，財政収支の構造的要因がともに低下している点があげられる。2000年代の構造的な経常収支の変動は概ね増加傾向で推移しているが，この時期の最大の特徴は，企業貯蓄の構造的要因が上昇している点である。ただし2010年代に入ると構造的な経常収支は悪化の傾向を見せ始めている。そしてこの要因の鍵となっているは，財政収支の構造的赤字の肥大化である。

長期の構造的要因は図3に示されている。本分析では人口変動の要因として，生産年齢人口比率を用いている。生産年齢人口の低下（高齢化）は，家計貯蓄の趨勢的な減少に結びついている。また生産年齢人口の低下に伴う期待需要（あるいは期待収益）の減少は，設備投資の鈍化をもたらす可能性が高い。長期的な経常収支の推移は，両変数の相対的な変化の水準に依存しているが，貯蓄率の低下の方が大きい場合には，経常収支は悪化の方向に向か

---

[5] 計測方法の詳細は，松林（2010）第9章に紹介されている。なお松林（2010）では構造的要因は中期の時間視野に基づく部分のみに限定し，人口の変化は明示的に考慮していない。しかし急速な少子高齢化の進展は，少なからず経常収支の動きにも影響を与え始めているはずであり，今回明示的に考慮することにした。なお，構造的（あるいは趨勢的）要因を,中期と長期に分けて考察,分析する試みは,植田（1987）においても行われている。

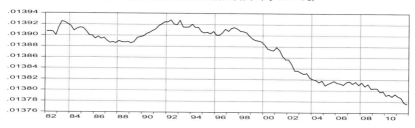

図3 経常収支の長期的構造要因（対GDP比）

うことになる。図3では，このような動きが我が国の経常収支の変動において，長期的に作用している姿が見て取れ，所謂「国際収支発展段階説」に基づく変動も無視できないことが確認される[6]。

経常収支の循環的要因（図4）は，概ねゼロ周りで推移している。1980年代前半，2000年代の経常収支の黒字拡大期には，循環的要因も上昇している。この要因としては海外の景気動向が好転していた点が大きい。2008年から2009年にかけての世界金融危機は，世界的な景気悪化を通じて，我が国の循環的な経常収支も悪化させている。しかしこの時期を除けば，2000年代後半以降，経常収支の循環的変動は低下傾向にある姿が見て取れる。

その他要因に基づく経常収支（図5）は，1980年代後半から1990年代前

---

[6] 植田（1987）は，総貯蓄率において経済成長率で説明できる部分，総投資率において利潤率で説明できる部分から，長期的な経常収支の動きを計測し，国際収支発展段階説に基づく経常収支の存在を確認している。ただし植田（1987）では「貯蓄・投資のパターンにはかなり発展段階説的な動きが見出されることを指摘したが，必ずしもこの貯蓄・投資の動きが経常収支の動きを全期間にわたって支配してきたわけではない」と述べている。この指摘は本分析から得られた知見とも一致している。なお本計測の際には，家計貯蓄，民間設備投資の推定式において，生産年齢人口比率を説明変数として付加し，同要因によって説明できる部分を用いて長期的構造要因を計測している（厳密には，家計の恒常所得において生産年齢人口比率で説明できる部分，企業のTobinのqにおいて生産年齢人口比率で説明できる部分を析出すべきである。ただし恒常所得，Tobinのqの計測値はいずれも観察不可能な加工値であるため，生産年齢人口比率による推定において，妥当な推定結果を得ることができなかった。この点については今後の検討課題としたい）。

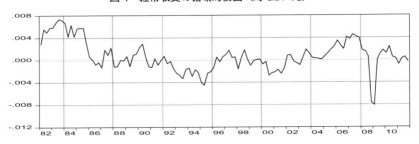

図4　経常収支の循環的要因（対 GDP 比）

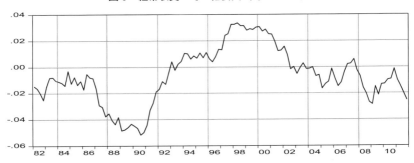

図5　経常収支のその他要因（対 GDP 比）

半にかけて顕著な動きを見せている。この変動は地価の急騰と大幅な下落に伴う設備投資の拡大と縮小に起因している[7]。また2011年の東日本大震災に伴う一時的な経常収支悪化も、その他要因の一つとなっている[8]。

---

[7] 我が国では、1980年代後半から1990年代にかけて地価の乱高下が景気循環に少なからず影響を与えていた。したがって地価の変動も「循環的な要因」として考慮すべきかもしれない。ただし松林（2010）と同様に、本分析は、標準的な国際マクロ経済学の枠組み（あるいはマンデル＝フレミングモデル）に従い、内外所得、為替レートの変動によって変動する要因を循環的要因としてセットし、資産価格の大幅な変動は「その他要因」として捉えることにした。

図6 経常収支の中期的構造要因の諸項目（対 GDP 比）

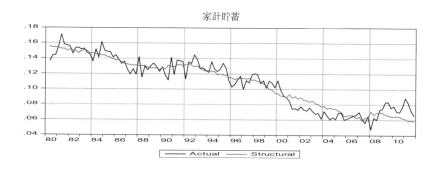

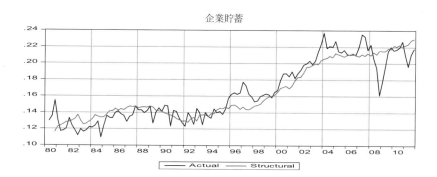

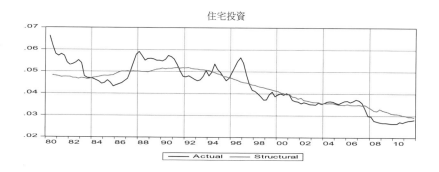

図6 (続き)

設備投資

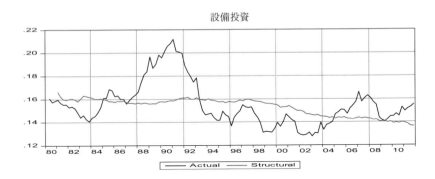

在庫投資

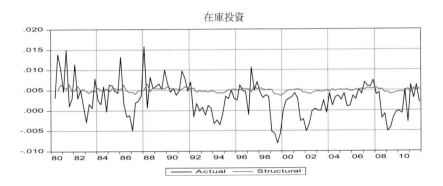

政府純貯蓄

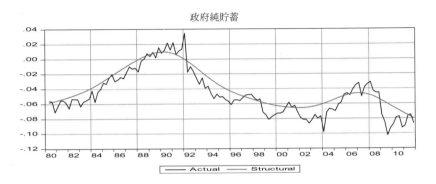

4. 貿易収支の変化

4-1 輸出入構造の変化

　第3節では，経常収支の変動要因を，貯蓄−投資バランスの諸項目に基づいて分析し，2000年代後半以降，構造的要因による縮小が顕著となり始めていることが明らかとなった。特に政府部門における構造的な貯蓄−投資バランスの悪化，すなわち財政赤字の肥大化が，昨今の経常収支の動きに大きな影響を与えていることが確認された。

　経常収支は，対外取引の側面から捉えると，貿易収支，サービス収支，所得収支，移転収支から構成されている。経常収支の変動の特徴は，これらの各収支の動きからも把握することが可能である。そこで本節では，経常収支の太宗を占める貿易収支の推移を，輸出と輸入の変動要因を精査することによって検討していくことにする。考察に入る前に，対外取引から見た場合の，経常収支の諸項目の推移を観察しておくことにしよう。

　図7には，1985年から2013年までの動きが示されている。貿易収支は1985年から2006年までは，あまり大きな変化はなく，12, 3兆円前後の持続的な黒字が，短期的な変動を伴って推移している姿が見て取れる。しかし2007年頃から黒字が着実に低下し始め，わずか4年後の2011年には赤字に転じ始め，以後2013年まで赤字が続いている。このように貿易収支は，ここ数年間で大きく変化していることになる。しかしそれ以外の収支項目は貿易収支ほど，短期間で大きく変化しているわけではない。移転収支，サービス収支の動きは概ね変化小さく，赤字基調が続いている。傾向的に黒字が拡大している項目は所得収支である。同収支は1985年には1.6兆円であったが，およそ30年後の2013年には，約10倍の16兆円にまで拡大している。この

---

[8] 2008年9月のリーマンショックに端を発する世界金融危機と，それに伴う世界的な貿易取引の鈍化（great trade collapse）も，経常収支変動の「その他要因」として考えられる。そこで計量分析では，世界金融危機ダミー（2008Q3-2009Q4）も，その他要因として付加している。ただし同時期の輸出の大幅な落ち込みは循環的要因（図4）としても表れている。

図7 経常収支諸項目の推移
1985-2013

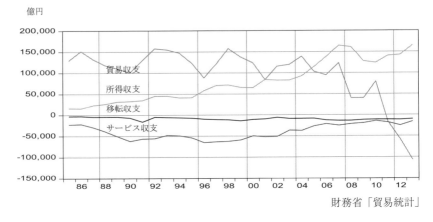

財務省「貿易統計」

図8 輸出・輸入の推移
1985-2013

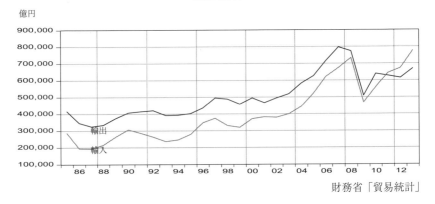

財務省「貿易統計」

ように2000年代後半以降の経常収支は，急激に悪化する貿易収支と拡大基調にある所得収支によって概ね説明することができる。

次に貿易収支を構成する輸出，輸入の動きを見ておく。図8には図7と同

図9 輸出品目の推移
1965-2011

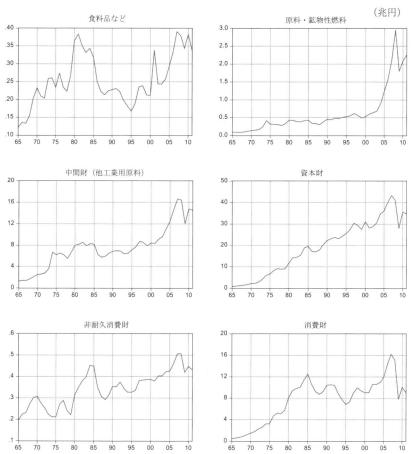

じ期間の輸出入額の推移が示されている。2006年までは、輸出額は輸入額よりも一貫して高いが、その伸び率はほぼ同じであることが見て取れる。しかし2007年以降輸出の伸びは鈍化し始め、リーマンショックの急速な落ち込み以降も、それ以前の伸びは見られない。他方輸入も2008年、2009年に

図10 輸入品目の推移
1965-2011

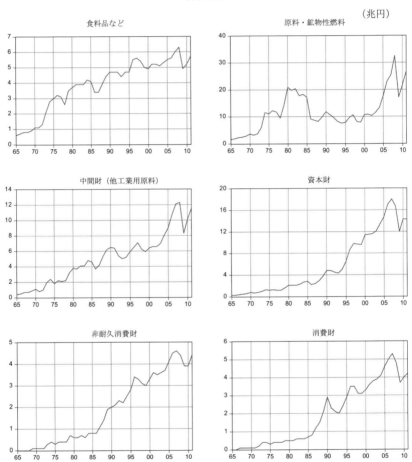

は大幅に落ち込んだが、その後はそれまでとほぼ同じ伸び率で回復している。つまり、2010年代に入り、輸出は輸入と比べ、相対的に大きな構造変化に直面しており、このような輸出減少が、昨今の貿易収支赤字の拡大となっていることが示唆される。

では，輸出入を品目別に見た場合，どのような特徴が見られるだろうか。図9，図10には1965年以降の長期にわたる輸出と輸入の構成品目の推移が示されている。我が国は従来「加工貿易立国」という言葉に象徴されるように，主に原材料を輸入し，最終財（消費財，非耐久消費財，資本財など）を輸出するという貿易が続いていた。図9からもわかるように，これらの財の輸出は，2000年代半ばまでは概ね順調に伸びていた。しかし2000年代後半以降，伸び率は鈍化し始めている。他方近年は中間財（他工業用原料など）の伸びが顕著である。図10の輸入の動きを見ると，原料・鉱物性燃料の輸入とともに，消費財，資本財の輸入が顕著に伸びていることがわかる。つまりこれまでの加工貿易立国型の貿易構造は，近年大きく変化している姿が見て取れる。この点は貿易収支，とりわけ輸出を形成する構造的要因に大きな変化が生じつつあることを示唆している[9]。以下ではこのような変化を，輸出入関数の検証を通じて明らかにしておく。

4-2　輸出入関数の変化

ここで貿易収支の変動を規定する諸要因を，輸出と輸入の側面から見ておくことにしよう。具体的には輸出関数，輸入関数を内外相対価格と所得という系統的要因によって推定し，時期を通じて各変数の感応度（価格弾力性と所得弾力性）がどのように変化したのかという点を確認する。

輸出関数の推定結果は，表2に整理されている。輸出の価格弾力性は，80年代には0.432で，統計的にも有意であった。しかし年代を追うごとに値は低下しており，2000年代の値（0.149）は80年代の約3分の1にまで低下しており，統計的にも有意ではない。表現を変えれば，2000年代に入ると，輸出は為替レートの変動に影響されにくくなっていることになる。輸出の所

---

[9] 第3節では，経常収支の変動要因のうち，「生産要素が完全雇用を達成し，各経済主体が最適化行動を行っているもとでの貯蓄，投資の変動によって構成される部分」としていた。他方，以下で用いる「輸出入の構造的変化，構造的要因」という表現の場合には，より一般的に，短期的な変動に左右されない中長期的な変化，あるいはその要因というニュアンスで用いている。

表2 輸出関数

	定数項	価格弾力性	所得弾力性	R^2/DW
1980年代 1982:1–1989:4	−5.262 (−2.312)	0.432 (1.951)	0.699 (4.082)	0.814 2.046
1990年代 1990:1–1999:4	−1.838 (−5.192)	0.253 (5.619)	0.441 (17.219)	0.883 1.547
2000年代 2000:1–2010:4	0.298 (0.415)	0.149 (1.023)	0.291 (6.006)	0.792 1.620
全期間 1982:1–2010:4	−1.299 (−3.552)	0.060 (0.726)	0.399 (15.363)	0.964 2.015

被説明変数:「輸出数量指数」(財務省)
説明変数:「相対価格」:実質実効為替レート(逆数をとり4期ラグ)(IMF)
「所得」:日本を除く世界輸入(IMF)
「リーマン・ショックダミー」(2008Q4–2009Q4=1)
1980年代・全期間については誤差項にAR(1)を想定した最尤法。1990年代・2000年代はOLS.(　)内の値はt値。

得弾力性は80年代には約0.7で統計的に強く効いている。しかし価格弾力性と同様に，90年代，2000年代には値が低下しており，2000年代には，約0.3にまで下がっていることがわかる。つまり海外景気動向の影響も受けにくくなりつつあることが推測される[10]。

このように我が国の輸出は，1980年以降の30年の間に，内外価格要因，所得要因といった循環的要因の影響を受けにくい体質に変化してきている姿が定量分析からも明らかとなった。表現を変えれば，過去30年の間に日本の輸出行動を規定する要因は，循環的要因からそれ以外の要因に徐々にシフトしている可能性がある。この点は輸出関数の推定結果において，定数項の推定値が年代を追うごとに上昇している点からも推測することができる[11]。

[10] 輸出関数における海外景気指標としては，従来OECD景気指数や米国景気指数が用いられることが多かった。しかし新興市場経済の興隆により，これらの地域の動向も包摂する景気動向指標を用いる方が望ましい。ただしこのような指標は必ずしも利用可能ではないため，本分析では，下田(2014)と同様に，全世界を対象とする海外景気動向として全世界の輸入数量指数（日本を除く）を用いている。

表3　輸入関数

	定数項	価格弾力性	所得弾力性	R^2/DW
1980年代 1982:1–1989:4	−10.715 (−2.677)	−0.334 (−2.244)	1.120 (3.586)	0.947 2.148
1990年代 1990:1–1999:4	−0.657 (−0.067)	−0.310 (−2.568)	0.461 (0.730)	0.949 2.460
2000年代 2000:1–2010:4	−30.304 (−10.485)	−0.097 (−1.558)	2.659 (12.057)	0.843 1.518
全期間 1982:1–2010:4	−13.696 (−2.437)	−0.231 (−2.739)	1.391 (3.300)	0.990 2.373

被説明変数:「輸入数量指数」(財務省)
説明変数:「相対価格」: 実質実効為替レート (逆数をとり4期ラグ) (IMF)
「所得」: 実質 GDP (内閣府)
「リーマン・ショックダミー」(2008Q4–2009Q4＝1)
1980年代・1990年代・全期間については誤差項に AR(1) を想定した最尤法。2000年代は OLS。

　表3には，輸入関数の推定結果が示されている。価格弾力性については，80年代，90年代には概ね−0.3で変化はなく，統計的にも有意に効いている。しかし2000年代に入ると値は大きく低下しており，統計的に見ても有意に影響を与えているとは言えない。所得弾力性の値は，80年代には1.12で有意に効いているが，90年代に入ると値，有意性ともに低下している。ただし2000年代には一転して上昇しており，2.659という高い値を示している。内外相対価格に影響を受けにくくなっているという点は，輸出関数から得られた結果と同じである。しかし輸出と異なり，輸入は国内の景気動向により敏感に反応する体質に変化しつつあることが確認される。この要因としては

[11) なお輸出行動と為替レートの影響を考察する際には，弾力性のみならず為替レートの輸出価格への浸透度 (パス・スルー)，為替レートの変化に対する輸出数量の動学的影響変化 (Jカーブ効果) についても検討しておく必要がある。これらについては清水・佐藤 (2014) が直近までのデータをもとに，精緻な実証分析を行っている。また最近時の為替レートと価格設定行動については，三菱 UFJ リサーチ＆コンサルティング (2014) による調査がある。

輸入品目の推移（図10）において見たように，消費財や資本財といった最終財輸入の増加が考えられる。これらの財の需要は，消費や設備投資の変動に直結し，景気動向に敏感に反応しやすい。したがって輸入の国内景気に対する感応度も上昇してくることになる。

　以上の定量分析を踏まえ，貿易収支および経常収支の変動に対して示唆される点は以下の2点である。第1は，貿易面から捉えた場合，近年の経常収支の循環的変動は，主に輸入の変動に起因する可能性が高い。第2は，輸出の変動が，貿易収支あるいは経常収支の短期的，循環的変動よりも，中長期的，構造的変動をもたらし始めている可能性が高い。表現を変えれば，貿易面から，今後の経常収支の中長期的な推移を予測する場合には，輸出行動の構造的変化の理解が不可欠になっていく。以下ではこの点について若干の整理を行っておく。

4-3　輸出行動の変化

　先に展望したように，我が国では概ね2010年以降，輸出行動に大きな変化が生じ始めていた可能性が高い。この変化は，海外所得や相対価格（為替レート）の変化に影響を受けにくくなったという意味で，短期的，循環的な影響を受けにくくなったと表現できる。換言すれば，昨今の輸出行動は中長期的な構造的要因に基づく部分が大きいことが示唆される。

　そして，このような観点から輸出行動を捉える際には，「直接投資」「国内設備投資」「生産性（技術進歩）」という3つのファクターとともに，相互依存関係の中で輸出の決定を捉えていくという視点が不可欠である。以下ではこれらの依存関係について簡単に素描，整理し，今後の定量分析への課題としたい。2000年代後半からの急速な円高，新興市場国経済の急速な発展に伴い，我が国の海外直接投資は著しく増加している。このような現象は少なからず国内設備投資に影響を与えるはずであるが，その詳細についてはいまだ明らかではない。海外直接投資の増加は，国内生産の代替であるとすれば，国内設備投資は縮小を余儀なくされる。しかし直接投資に伴う資本財需要の

高まりや，国内親会社の収益向上をうながすのであれば，国内投資はむしろ補完関係にあり増加する可能性もある[12]。

海外投資の国内生産性への影響についても慎重に検討しておく必要がある。我が国製造業の海外生産の加速化は，相対的に国内資本蓄積を停滞させ，設備の老朽化をもたらす可能性がある。またこの老朽化（vintageの上昇）は，体化された技術進歩の鈍化＝生産性の伸び悩みという形で，日本経済の潜在成長率低迷，国際競争力の鈍化に拍車をかける可能性が高い[13]。そして生産性の低迷による非価格面での国際競争力は，中長期的に輸出に影響を与える。海外投資と輸出の関係については，すでに多くの議論がなされている。しかし上記の整理からもわかるように，今後は，国内設備，生産性を経由した輸出行動のダイナミズムについてより精緻な考察が必要であり，理論，実証分析の蓄積が不可欠である。

5. 経常収支の予測

本節ではこれまでの考察を踏まえ，今後の経常収支の予測を行ってみることにしよう。3節でも明らかにしたように，2010年代に入り，我が国経常収支悪化の主因は，構造的財政赤字の肥大化であった。そこで先に計測した，中期的な構造的経常収支（図2）が，構造的財政収支の悪化によって将来的にどのように推移するのかを，シミュレーションしてみることにする[14]。具体的には，2011年第四半期の構造的経常収支対GDP比の値（約2.2％）を始期として，1) 10年間で2％ポイントの構造的財政収支の悪化，2) 10年間

---

[12] 国内外の資本ストック調整を統一的に考察しようとする試みは，Ali（2013），Belderbos et al（2013），布袋・塚本（2014）などにおいて行われ始めている。

[13] Hagiwara and Matsubayashi（2014）では，資本蓄積とヴィンテージ，体化された技術進歩の関係を理論的に導出した上で，我が国の個別企業財務データを用いて，体化された技術進歩の存在を確認している。

[14] 図6からもわかるように，家計貯蓄と企業貯蓄の構造要因の推移は，ほぼ相殺（あるいは代替）されているため，予測期間において，民間貯蓄全体は大きく変化しないと想定した。また，単純化のため民間住宅投資，民間設備投資，在校投資の構造的要因も変化しないと仮定している。

図11 構造的経常収支の予測

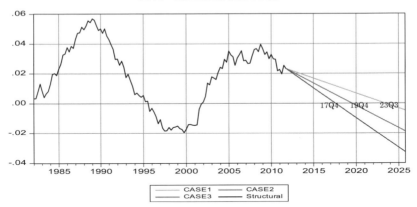

CASE1：構造的財政収支を10年間で2％ポイント悪化
CASE2：構造的財政収支を10年間で3％ポイント悪化
CASE3：構造的財政収支を10年間で4％ポイント悪化
Structural：図2で示される中期的な構造的経常収支

で3％ポイントの構造的財政収支の悪化，3）10年間で4％ポイントの構造的財政収支の悪化，という3つのシナリオのもとで，構造的経常収支の値を計算してみる。

図11には3ケースが示されている。10年間で2％ポイントの構造的財政収支の悪化の場合には，「2023年第3四半期」，3％ポイントの場合には，「2019年第4四半期」，4％ポイントの場合には，「2017年第4四半期」に赤字がスタートする。構造的財政赤字の肥大化は，早ければ2010年代後半には，構造的経常収支を赤字化させることになる。

次により現実的なシナリオを得るために，構造的経常収支ではなく「経常収支全体」の予測を試算してみる。そのためには構造的要因だけでなく循環的要因，その他要因に基づく経常収支の予測値が必要であるが，この計算は困難である。2000年第1四半期から2011年第4四半期までの現実の経常収支の平均値は3.1％，同期間の構造的経常収支の平均値は2.0％であった。そ

表4 経常収支全体の予測

ケース	シナリオ	経常収支が赤字化する時期
ケース1	構造的財政収支を10年間で2%ポイント悪化	2028Q3
ケース2	構造的財政収支を10年間で3%ポイント悪化	2023Q1
ケース3	構造的財政収支を10年間で4%ポイント悪化	2020Q2

こで先に計測した構造的経常収支の3ケースの予測値に，+1%を加えることによって，3つのケースに対応する「経常収支全体の予測値」とした。表4には，このような試算に基づいたシミュレーションから得られる，赤字化の時期が整理されている。

赤字化が最も早く到来するケースは，10年間で4%ポイントの構造的財政赤字の場合であり，時期は「2020年第2四半期」である。他の2ケースにおいても赤字化する時期は2020年代である[15]。財政赤字が将来的にどのように推移するかは，財政再建に対する政府方針，中長期的な経済成長に依存するため，確定的なシナリオを描くことは難しい。しかしいくつかのケースから総合的に解釈すると，我が国の経常収支は2020年代に赤字化する可能性が高い。そしてこの場合，財政収支赤字と経常収支赤字が共存する所謂「双子の赤字」が生じる可能性があることを，シミュレーションは示唆している。なおこのような結果は，経常収支を貯蓄-投資バランスの側面から捉えた場合の試算に基づいている。第4節で考察したように，対外取引面から捉えた場合には，輸出の趨勢的な変化が重要なポイントとなる。輸出の中長期的な予測を行う際には，4-3節で整理したように，海外現地生産の中長期的推移，国際競争力の動向などを詳しく検討していく必要がある。

6. まとめ

本稿では，我が国経常収支の長期的変動と短期的変動の要因を多面的な角

---
[15] 日本経済研究センター（2013）の中期予測では，我が国の経常収支赤字化は2021年であると予測している。

度から考察，検討することによって，将来の動向についても若干の示唆を得ることができた。経常収支赤字の発生は，本質的には開放体系下における効率的な資源配分の帰結であり，それ自体経済的に問題があるわけではない。また経常収支の赤字が長期化している国においても，持続的に経済成長しているケースは多く存在している。したがって将来の経済成長の果実を生み出すような生産的投資を伴う経常収支赤字の発生は「望ましい赤字」と見なすことができる。しかし巨額の財政赤字の肥大化とそれに伴う経常収支の赤字は，資源配分面から見ても決して望ましいとは言えず，「望ましくない赤字」の発生を意味している。日本では，長期的には，人口構成の変化に伴い，成熟した債権国としての姿も徐々に認識されつつある。現下の我が国経常収支の変化は，このような中期的，長期的な変化が重層的に折り重なっている過渡的状況を浮き彫りにしており，それゆえより一層精緻な考察が要請されることになる。

参考文献

植田和男（1987），「国際収支：経常収支の長期変動と短期変動」浜田宏一・黒田昌裕・堀内昭義編『日本経済のマクロ分析』第1章，東京大学出版会．
清水順子・佐藤清隆（2014），「アベノミクスと円安，貿易赤字，日本の輸出競争力」RIETI Discussion paper series, 14-J-022.
下田裕介（2014），「わが国輸出入の構造変化を探る―貿易赤字はピークアウトも黒字化には時間―」日本総合研究所 Research Focus, No2013-46.
新開陽一（1982），『現代マクロ経済学の解明』東洋経済新報社．
日本経済研究センター（2013），『第39回日本経済中期予測』．
布袋正樹・塚本朋久（2014），「現地法人の設備投資が国内本社の設備投資に及ぼす効果：我が国製造業のケース」財務省財務総合政策研究所 Discussion paper14A-08.
松林洋一（2010），『対外不均衡とマクロ経済：理論と実証』東洋経済新報社．
松林洋一（2015），「日本の経常収支（1）1868–1945」『国民経済雑誌』第211巻第5号．
三菱UFJリサーチ＆コンサルティング（2014），『為替変動に対する企業の価格設定行動についての調査分析』．
山澤逸平・山本有造（1979），『長期統計14：貿易と国際収支』東洋経済新報社．
Ali, J. Al-Sadig (2013), "Outward Foreign Direct Investment and Domestic Investment: the Case of Developing Countries," IMF Working paper, 13/52.

Belderbos, R., K. Fukao, K. Ito and W. Letterie (2013), "Global fixed capital investment by multinational firms," Economica, Vol. 80 (318), pp. 274–299.

Bordo, M., B. Eichengreen and J. Kim (1998), "Was There Really an Earlier Period of International Financial Integration Comparable to Today?" NBER Working paper, No. 6738.

Hagiwara, T. and Y. Matsubayashi (2014), "Capital Accumulation, Vintage and Productivity: The Japanese Experience," Graduate School of Economics, Kobe University, Discussion paper, No. 18.

Summary

Long-Run and Short-Run Movements of the Current Account in Japan

Yoichi Matsubayashi

This paper overviews the long-run and short-run movements of the current account in Japan over the period of 1980–2014 from various points of view. Firstly, some empirical work was conducted to analyze fluctuations in the current account in Japan by deconstructing structural and nonstructural components. This investigation shows that not a single factor may cause the sharp reduction of the current account surplus since 2010s. Our empirical model also indicates that Japanese current account will fall in deficit in the middle of 2020s.

我が国経常収支の長期的変動と短期的変動：1980–2014

◇コメント◇

横浜国立大学　　佐藤　清隆

　東日本大震災が起きた2011年に日本の貿易収支は赤字に転落し，その後2014年まで貿易収支の赤字は拡大を続けている。貿易収支赤字を上回る第一次所得収支の黒字によって，日本はかろうじて経常収支の黒字を維持しているが，4年連続で経常収支黒字額は大きく減少した。日本の貿易収支がこれほどの赤字に転じるとは，2000年代前半には全く予想できなかった事態である。果たして貿易赤字は今後も続くのだろうか。そして経常収支が赤字に転じることはあるのだろうか。

　松林洋一教授の報告は，松林（2010）の研究成果を発展させ，日本の経常収支の歴史的な変遷を概観した上で，中長期的変動（構造的要因）と短期的変動（循環的要因）の2つの観点から分析を行っている。経常収支に関する研究の第一人者として，優れた洞察と有益な論点を提示されている。

　報告では，まず日本の経常収支の変遷が1985年～2013年までの長期間にわたって概観されている。ここで強調されているのは，日本の経常収支が恒常的に黒字基調となったのが1980年代からのおよそ30年間であるという事実である。それ以前は，戦争や天災による経常収支の不均衡が起きており，1950年代から1970年代には経常収支の黒字と赤字が循環的に発生していた。次いで，1980年代以降の経常収支の変動が，短期的（循環的）要因，中期・長期的（構造的）要因，その他の要因によってどのように影響を受けてきたかが示されている。これは松林（2010）の計測手法に基づいて導き出されているが，特に中期的構造要因をその構成要素に分解して，経常収支の変動を詳細に分析した点は説得力に富んでいる。

　私たちが最も関心を持つのは，近年の貿易収支赤字を引き起こした要因である。アベノミクスによる円安への急速な転換にもかかわらず，貿易赤字はむしろ拡大した。しかし，Jカーブ効果が働くのであれば，円安転換後の貿易赤字から徐々に貿易収支改善へと向かうはずである。円安転換から2年が

経過したにもかかわらず，なぜ貿易赤字は拡大を続けているのか。日本の輸出競争力の低下によって輸出が伸びないのではないかと懸念されている。

松林教授の報告では，日本の輸出品目と輸入品目の構成の変化を観察し，輸出の伸びが2000年代後半から鈍化し始めていること，そして輸入品目の中で消費財・資本財の輸入が顕著に増加していることが指摘されている。さらに，輸出関数と輸入関数の推定も行われており，2000年代に入って日本の輸出が為替レートに有意に反応しなくなっていること，そして海外所得要因に対する反応も低下していることが指摘されている。他方で，輸入は2000年代に入って国内景気に有意に大きな反応を示しているのに対して，為替レートに対する反応は有意でなくなっている。この推定結果から，2000年代に入って輸出に構造的な変化が生じており，輸入の変動はより循環的になっていると結論付けている。

上記の輸出入関数の推定において留意すべきは，2000年～2010年までの四半期データを用いた分析となっている点である。報告では，1980年代，90年代，そして2000年代の3つの期間に分割して分析を行っているが，筆者は日本の輸出・輸入において大きな構造変化が起きたのは2011年前後からだと考えている。具体的には，2008年のリーマンショック以降の円高，特に2011年～2012年にかけて1ドル=70円台に突入し，約1年半続いた歴史的な円高期に日本の輸出構造が大きな変化を遂げた可能性がある。以下では若干の私見を述べたい。

清水・佐藤（2014）で詳細に論じたように，2011年～2012年にかけて，日本の輸出企業の価格設定行動が大きく変わった。現在，日本の輸出の約64％が外貨建て（米ドル建て）の取引である。つまり，為替レートが円高や円安に振れても外貨建て取引である限り，短期的には輸入企業が直面する現地通貨建て（外貨建て）価格は変化しない。これがPricing-to-Market（PTM）行動と言われる，日本の輸出企業に典型的にみられる価格設定行動である。日本銀行は輸出および輸入の物価指数を円ベースと契約通貨ベースの両方で公表しているが，契約通貨ベースの輸出物価の推移をみると，例えば2008

年頃から円が対米ドルで（あるいは実効ベースで）急激かつ大幅に減価しているにもかかわらず，契約通貨ベースの日本の輸出物価は驚くほど安定的に推移している。

しかし，清水・佐藤（2014）およびShimizu and Sato（2015）は，時変パラメーターモデルを用いて日本の輸出企業のPTM行動を推定した結果，日本の輸出企業が2011年〜2012年の歴史的な円高局面で，契約通貨ベースでの輸出価格をむしろ引き上げる行動をとったことを明らかにした。このPTM行動の変化は，日本企業が円高局面で汎用製品など価格弾力性の高い製品の生産を海外にシフトさせ，国内生産は高性能・高付加価値の価格弾力性の低い製品に絞り込んだことと整合的である。日本企業は円高によってむしろ輸出競争力が高い財へと輸出品目をシフトさせたのである。高性能・高付加価値の差別化された製品を輸出する場合，輸入相手との輸出契約交渉で有利な立場に立ち，円高期には為替差損を被らないような価格設定を行うことが可能となる。

このように，2011年〜2012年の歴史的な円高は日本企業の生産・販売構造を変化させてしまった。そして2012年末から急激に円安に転じることになるが，輸出競争力の高い，差別化された製品を輸出する日本企業は，円安によって現地での販売価格を引き下げる必要はない。むしろ円安局面ではPTM行動をとることで，外貨建て輸出による大きな為替差益を得ることができる。円安によって輸出数量は必ずしも伸びないが，日本企業は大きな為替差益を享受できたのである。また，本来であれば日本企業は円安を利用した現地での販売価格低下によって輸出数量を伸ばせるはずであった。しかし，価格弾力性の高い汎用製品の海外生産シフトをぎりぎりまで進めたため，円安が輸出数量の増加に結びつかなかった。むしろ，海外での生産にシフトした汎用製品や中間財の日本への輸入が数量ベースで増加するだけでなく，外貨建て輸入が8割近くを占める日本の場合，円安によって円換算した輸入額が増加している。輸出と輸入の両面で構造的な変化が起きたことで，日本の貿易収支は容易に改善しなくなっている。

以上，松林教授の報告に刺激を受けて，貿易収支の動向（特に日本の輸出）に関して私見を述べた。もちろん，経常収支の動向を輸出要因のみで説明できるわけではない。例えば，2014年後半からの原油価格の大幅な低下は，日本の貿易収支を徐々に改善させる可能性が高い。この原油価格の変動を循環的変動と捉えてよいのか，あるいはより構造的なものと捉えるべきなのか。また，現在の経常収支黒字維持に大きく貢献している第一次所得収支についてもさらに分析を深める必要があるだろう。これらは今後に残された課題である。

【参考文献】

清水順子・佐藤清隆（2014），「アベノミクスと円安，貿易赤字，日本の輸出競争力」RIETI Discussion Paper Series, 14-J-022.

Shimizu, Junko and Kiyotaka Sato (2015), "Abenomics, Yen Depreciation, Trade Deficit and Export Competitiveness," RIETI Discussion Paper Series, 15-E-020.

松林洋一（2010），『対外不均衡とマクロ経済：理論と実証』（東洋経済新報社）．

会　報

会　報

【日本国際経済学会第73回全国大会】
第73回全国大会は，2014年10月25日（土），26日（日）の両日，京都産業大学において開催された。学会員232名，韓国国際経済学会（KIEA）からの参加者8名の合計240名が参加した。第1日は自由論題の報告と討論，共通論題の報告と討論・全体討論，および懇親会が行われた。第2日は自由論題の報告と討論，会長講演，学会賞授与式，受賞者記念講演が行われた。プログラムは次の通りである。タイトルの後に（E）がついている報告は，英語による発表である。

◆**大会第1日目　2014年10月25日（土）**◆
午前の部　自由論題（9：30～12：00）
第1分科会　実証分析1
　　　　　　　　　　　　　　　　　　　座　長　京都産業大学　武田　史郎
1–1　The effects of immigration on Japan: A computable general equilibrium assessment
　　　　　　　　　　　　　　　　　　　報告者　奈良県立大学　斉藤　宗之
　　　　　　　　　　　　　　　　　　　討論者　中　京　大　学　近藤　健児
1–2　Armington-Krugman-Melitz Trade Module in a CGE Model
　　　　　　　　　　　　　　　　　　　報告者　名古屋市立大学　板倉　　健
　　　　　　　　　　　　　　　　　　　討論者　京都産業大学　武田　史郎
1–3　20世紀世界貿易の変遷とその今日的意味
　　　　　　　　　　　　　　　　　　　報告者　立命館大学　板木　雅彦
　　　　　　　　　　　　　　　　　　　討論者　九　州　大　学　石田　　修
第2分科会　多国籍企業1
　　　　　　　　　　　　　　　　　　　座　長　専　修　大　学　伊藤　恵子
2–1　日本食品産業の海外事業展開―情報提供者の役割と流通システム構築への課題―
　　　　　　　　　　　　　　　　　　　報告者　流通経済大学　横井のり枝
　　　　　　　　　　　　　　　　　　　討論者　ジェトロ・アジア経済研究所　田中　清泰
2–2　Estimating the effects of offshore outsourcing on employment and economic growth in the receiving economy（E）
　　　　　　　　　　　　　　　　　　　報告者　大　阪　大　学　Yani Karavasilev

　　　　　　　　　　　　　　　　　　　　　　　　　　　　野村　茂治
　　　　　　　　　　　　　　　　　　討論者　神戸大学　丸山佐和子

2–3　The extensive and intensive margin of FDI and Corporate performance: Evidence from Japanese Automobile Parts Manufacturers
　　　　　　　　　　　　　　　　　　報告者　慶應義塾大学　松浦　寿幸
　　　　　　　　　　　　　　　　　　討論者　摂南大学　　　田中　鮎夢

第3分科会　理論分析
　　　　　　　　　　　　　　　　　　座　長　愛知大学　　　藪内　繁己

3–1　The Effect of Trade Liberalization in an Endogenous Growth Model with Heterogeneous Firms and Endogenous International Spillovers
　　　　　　　　　　　　　　　　　　報告者　神戸大学　　　福田　勝文
　　　　　　　　　　　　　　　　　　討論者　京都大学　　　三野　和雄

3–2　Firm Selection, Trade Costs, and International Inequalities
　　　　　　　　　　　　　　　　　　報告者　東北大学　　　曽　　道智
　　　　　　　　　　　　　　　　　　討論者　早稲田大学　　内藤　　巧

3–3　Macroeconomic Dynamics of Human Development: Indeterminacy and Bifurcation due to Productive-Consumption Externality
　　　　　　　　　　　　　　　　　　報告者　慶應義塾大学　大東　一郎
　　　　　　　　　　　　　　　　　　討論者　神戸大学　　　中西　訓嗣

第4分科会　国際金融
　　　　　　　　　　　　　　　　　　座　長　中央大学　　　中條　誠一

4–1　Capital Inflows and Asset prices: Empirical Evidence from Eleven Emerging Economies
　　　　　　　　　　　　　　　　　　報告者　埼玉大学　　　田口　博之
　　　　　　　　　　　　　　　　　　討論者　武蔵大学　　　大野　早苗

4–2　国際金融センターの都市比較
　　　　　　　　　　　　　　　　　　報告者　亜細亜大学　　赤羽　　裕
　　　　　　　　　　　　　　　　　　討論者　愛知大学　　　栗原　　裕

4–3　スイスの「銀行機密」と資金フロー
　　　　　　　　　　　　　　　　　　報告者　保健医療経営大学　藤田　憲資
　　　　　　　　　　　　　　　　　　討論者　阪南大学　　　神沢　正典

第5分科会　日韓セッション
　　　　　　　　　　　　　　　　　　座　長　京都産業大学　井川　一宏

5–1 Predatory Short Selling and Price Reversals in the Korean Stock Market（E）
報告者　Seoul National University　Yeongseop Rhee
討論者　京都産業大学　横山　史生

5–2 Economic Polarization and the Need for Grand Social Compromise in Korea（E）
報告者　Sookmyung Women's University　Jinsoo Yoo
討論者　大東文化大学　高安　雄一

5–3 On the determinants of surges and stops in foreign loans: An empirical investigation（E）
報告者　Kookmin University　Chi-Young Song
討論者　学習院大学　清水　順子

昼食　　　12：00～13：00
理事会　　12：00～12：50（会場：5号館2階ミーティングルーム1）
会員総会　13：00～13：20（会場：5号館3階5303教室）

<u>午後の部　共通論題　新段階を迎えた日本のグローバル化―課題と展望（13：30～17：20）</u>
座　長　京都大学　岩本　武和
　　　　慶應義塾大学　木村　福成

第1報告　メガFTAの潮流と日本の通商戦略の課題
報告者　杏林大学　馬田　啓一
討論者　滋賀大学　柴山　桂太

第2報告　少子高齢化時代における外国人労働者受入れ政策の経済学的分析
報告者　慶應義塾大学　後藤　純一
討論者　愛知学院大学　多和田　眞

第3報告　我が国経常収支の長期的変動と短期的変動：1980–2014
報告者　神戸大学　松林　洋一
討論者　横浜国立大学　佐藤　清隆

懇親会　17：30～19：00（会場：並楽館3階リブレ）

◆**大会第2日目　2014年10月26日（日）**◆
<u>午前の部自由論題（9：30～12：00）　ポスターセッション（11：00～13：00）</u>
第6分科会　多国籍企業2
座　長　立命館大学　中本　悟

6–1　多国籍企業による頭脳循環と現地雇用
　　　　　　　　　　　　　　　報告者　大妻女子大学　齊藤　　豊
　　　　　　　　　　　　　　　討論者　三 重 大 学　森原　康仁
6–2　中国ソフトウェア企業の技術力向上とオフショア開発の変化
　　　　　　　　　　　　　　　報告者　大阪市立大学　髙橋　信弘
　　　　　　　　　　　　　　　討論者　阪 南 大 学　井上　　博
6–3　米国シアトルにおけるソフトウェア産業の集積と社会経済的インパクト
　　　　　　　　　　　　　　　報告者　立 教 大 学　山縣　宏之
　　　　　　　　　　　　　　　討論者　九州産業大学　玉井　敬人

第7分科会　開発援助・経済協力
　　　　　　　　　　　　　　　座　長　九 州 大 学　清水　一史
7–1　ODA and PublicGood for Input
　　　　　　　　　　　　　　　報告者　法 政 大 学　宮越　龍義
　　　　　　　　　　　　　　　討論者　名古屋大学　柳瀬　明彦
7–2　ポスト2015の開発課題と開発資金を巡る議論
　　　　　　　　　　　　　　　報告者　JICA研究所　浜名　弘明
　　　　　　　　　　　　　　　討論者　中 央 大 学　林　　光洋
7–3　中国とASEANとの経済協力について
　　　　　　　　　　　　　　　報告者　福井県立大学　唱　　　新
　　　　　　　　　　　　　　　討論者　亜細亜大学　石川　幸一

第8分科会　グローバル・バリュー・チェーン
　　　　　　　　　　　　　　　座　長　中 央 大 学　長谷川聰哲
8–1　Latin America and Production Networks: Machinery Trade in Brazil and Mexico（E）
　　　　　　　　　　　　　　　報告者　慶應義塾大学　シルバシャン　ギマテウス
　　　　　　　　　　　　　　　討論者　同志社大学　岡本由美子
8–2　貿易円滑化制度と貿易コストの関連性の実証分析：AEO制度のサプライチェーンへの影響
　　　　　　　　　　　　　　　報告者　日 本 大 学　前野　高章
　　　　　　　　　　　　　　　討論者　中 央 大 学　長谷川聰哲
8–3　グローバル・サプライ・チェーン下の貿易政策
　　　　　　　　　　　　　　　報告者　青山学院大学　小田　正規
　　　　　　　　　　　　　　　討論者　慶應義塾大学　安藤　光代

第9分科会　環境

座　長　常磐大学　佐竹　正夫

9–1　放射性物質の飛散による風評被害の計測：2010年産コメ購買行動におけるフレーミング効果

報告者　慶應義塾大学　水田　岳志
討論者　拓殖大学　服部　哲也

9–2　環境物品貿易ネットワークの要因分析—地域効果，フラグメンテーション効果に焦点を当てて

報告者　東京国際大学　松村　敦子
討論者　千葉大学　石戸　光

9–3　アジアにおける「環境と貿易」：自然資源利用・消費に関するエコロジカル不等価交換論の視点から

報告者　下関市立大学　山川　俊和
討論者　国士舘大学　平川　均

第10分科会　ポスターセッション

10–1　How Did the Global Financial Crisis Affect International Production/Distribution Networks? Evidence from Taiwan Machinery Industry（E）

報告者　慶應義塾大学　林　晉禾

10–2　Trade Liberalization, Division of Labor, and Firm Productivity

報告者　京都大学　亀井　慶太

10–3　アジア低所得国における中国の存在感と日本のODA

報告者　静岡県立大学　飯野　光浩

10–4　What determined the industrial location in post-war Japan?

報告者　慶應義塾大学　渡部　雄太

10–5　Globalization and Cooperation in Trade Policy

報告者　名古屋大学　津布久将史

10–6　東アジアの貿易自由化と環境負荷構造の変化に関する多部門計量分析

報告者　神戸学院大学　伴　ひかり

10–7　Extensive and intensive margins of adjustments in Japan's exports after the Great East JapanEarthquake 2011

報告者　横浜国立大学　桑波田浩之

昼食　　12：00～13：00

理事会　　　12：00～12：50（会場：5号館2階ミーティングルーム1）
会員総会　　13：00～13：20（会場：5号館3階5303教室）
会長講演　　13：20～13：50（会場：5号館3階5303教室）
学会賞授与式・受賞者記念講演　13：50～14：50（会場：5号館3階5303教室）

午後の部　自由論題（15：00～17：30）
第11分科会　アジア経済

座　長　甲南大学　青木　浩治

11–1　Dollarization in Myanmar

報告者　ジェトロ・アジア経済研究所　久保　公二
討論者　近畿大学　国宗　浩三

11–2　衰退か，それとも復活か？：インドネシアにおけるカカオ産業の危機と変容，1887～2014

報告者　千葉大学　妹尾　裕彦
討論者　明治学院大学　頼　俊輔

第12分科会　国際政治経済学

座　長　神戸大学　石黒　馨

12–1　クラウドソーシングの集合行為論：国際公共財の自発的供給への適用

報告者　聖心女子大学　古川　純子
討論者　関東学院大学　山本　勝造

12–2　Foreign Influence and Populism（E）

報告者　大阪大学　小川　弘昭
討論者　一橋大学　古沢　泰治

第13分科会　実証分析2（都合により中止）
第14分科会　グローバルガバナンスと多国籍企業

座　長　滋賀大学　大川　良文

14–1　TPPにおける国有企業問題と中国

報告者　環日本海経済研究所　中島　朋義
討論者　大東文化大学　岡本　信広

14–2　日本の多国籍企業によるタックスヘイブンの利用

報告者　龍谷大学　林　尚毅
討論者　高知短期大学　細居　俊明

第15分科会　地域貿易協定

座　長　慶應義塾大学　遠藤　正寛

15–1　Firm-level Impacts of Free Trade Agreement on Import Prices

報告者　ジェトロ・アジア経済研究所　早川　和伸
討論者　慶應義塾大学　松浦　寿幸

15–2　WTO体制下における関税同盟の動向と課題…GCCのケースを参考に…

報告者　青山学院大学　岩田　伸人
討論者　杏林大学　馬田　啓一

15–3　Tariff Reductions and Labor Demand Elasticities: Evidence from Chinese Firm-level Data

報告者　ジェトロ・アジア経済研究所　佐藤　仁志
討論者　慶應義塾大学　清田　耕造

【日本国際経済学会第5回春季大会】

　第5回春季大会は，2014年6月13日（土）に阪南大学本キャンパスにおいて開催され，分科会，特別講演，および懇親会が行われた。プログラムは次の通りである。タイトルの後に（E）がついている報告は，英語による発表である。

午前の部（10:00〜12：30）

分科会A　貿易・FTA関連の実証

座　長　京都大学　神事　直人

A-1　Estimating the Impacts of FTA on Foreign Trade: An Analysis of Extensive and Intensive Trade Margins

報告者　杏林大学　久野　新
討論者　横浜国大　冨浦　英一

A-2　Simple Measure of Preference Utilization: The Tariff Exemption Ratio

報告者　アジア経済研究所　早川　和伸
討論者　学習院大学　椋　寛

A-3　The ASEAN-Korea Free Trade Agreements (AKFTA): Empirical Evidence on Trade-Creation and Trade-Diversion Effects（E）

報告者　埼玉大学　田口　博之
討論者　大東文化大学　高安　雄一

分科会B　開発経済関連

座　長　甲南大学　青木　浩治

B-1　中所得国の罠の要因分析

報告者　京都大学大学院生　胡　洪濱
討論者　甲南大学　青木　浩治

B-2　Explaining International Mobility of Chinese Workers, 1992–2012

報告者　経済産業研究所　張　紅咏
討論者　専修大学　伊藤　恵子

B-3　Product Differentiation, Trade Liberalization and Firm Productivity: Evidence from Vietnam（E）

報告者　横浜国立大学大学院生　ドゥアン・テイ・タン・ハー
討論者　神戸大学　丸山佐和子

分科会C　多国籍企業

座　長　立命館大学　板木　雅彦

C-1　International R&D and Firm Performance

報告者　科学技術・学術政策研究所　鈴木　真也
討論者　摂南大学　田中　鮎夢

C-2　ガースナー後のIBMにおける経営再建—Wintelモデルの相対化

報告者　三重大学　森原　康仁
討論者　龍谷大学　夏目　啓二

C-3　The Impact of Transfer Pricing Regulations on the Location Decisions of MNEs

報告者　中央大学大学院生　伊藤　潤平
討論者　慶應義塾大学　清田　耕造

昼食　　12：30～14：00
理事会　12：45～13：45（会場：1号館4階1A会議室）

特別講演（14：00～15：00）

司　会　日本国際経済学会副会長, 神戸大学　中西　訓嗣

演題「老いるアジア」における日本企業の戦略—日本企業の国際的ポジショニングについて」

講演者　国際ビジネス研究学会会長, 大阪商業大学　安室　憲一

午後の部 (15:20〜17:50)

分科会D　要素移動の理論と実証

座長　岡山大学　春名　章二

D-1　Multi-dimensional skills and mismatches in labor market: implications on international trade and Wage

報告者　神戸大学大学院研究員　稲葉　千尋
討論者　九州産業大学　今　喜史

D-2　Lifetime employment and a mixed duopoly with a foreign labour-managed firm

報告者　大阪大学大学院修了　大西　一弘
討論者　京都産業大学　大川　良文

D-3　International R&D Transfer and Technology Absorption

報告者　法政大学　宮越　龍義
討論者　京都大学　敦賀　貴之

分科会E　新興国ビジネス

座長　九州大学　石田　修

E-1　開発途上国の農村経済発展におけるCSR活動の考察及び今後の課題

報告者　金沢星稜大学　ジョマダル　ナシル
討論者　大阪市立大学　高橋　信弘

E-2　スマートフォンにおけるバリュー・チェーン分析

報告者　同志社大学大学院生　程　培佳
討論者　九州大学　石田　修

E-3　サムスングループの対ベトナム戦略とベトナム経済への影響

報告者　佐賀大学大学院生　ブイ・ディン・タン
討論者　大阪成蹊大学　藤森　梓

分科会F　国際経済理論と実証

座長　関西学院大学　広瀬　憲三

F-1　How Effcient are Investment Promotion Agencies? Evidence from China（E）

報告者　大阪大学大学院生　倪　彬
討論者　慶應義塾大学　木村　福成

F-2　Dynamics of the Comparative Advantage Structure and its Differences between Goods and Services

　　　　　　　　　　　　　　　　　報告者　北海道大学　　久永　　忠
　　　　　　　　　　　　　　　　　討論者　慶應義塾大学　清田　耕造

F-3　国際資本移動拡大と F-H puzzle

　　　　　　　　　　　　　　　　　報告者　立命館大学　　大田　英明
　　　　　　　　　　　　　　　　　討論者　近畿大学　　　星河　武志

懇親会　18：00～19：30（3号館1階　阪南大学生協カフェテリア）

【会員総会の議事と決定】

会員総会（第73回全国大会第1日）

　日本国際経済学会第73回全国大会第1日の会員総会（開催日時：2014年10月25日（土）13：00–13：20，場所：京都産業大学　5号館3階5303教室）は，当日昼食時に開かれた理事会の提案議事に従い，岩本武和会長（京都大学）を議長として開催され，以下の承認・発表が行われた。

1. 平成25（2013）年度事業報告について
　　岩本武和会長（京都大学）より以下の通り報告があった。
　　（1）第3回春季大会開催（2013年6月8日　福岡大学）
　　（2）第72回全国大会開催（2013年10月12・13日　横浜国立大学）
　　（3）機関誌『国際経済（日本国際経済学会研究年報）』第64巻発行
　　（4）機関誌『The International Economy』Vol. 16 発行
　　（5）第8回小島清賞各賞及び第3回特定領域研究奨励賞（小田賞）の授賞
　　（6）韓国国際経済学会への研究者の派遣

2. 平成25（2013）年度一般会計決算案について
　　神事直人理事（京都大学）より標記について説明があり，審議した結果，これを承認した。【「日本国際経済学会ニュース」2014年9月24日号参照】

3. 平成25（2013）年度特別事業活動基金決算案について
　　神事直人理事（京都大学）より標記について説明があり，審議した結果，これを承認した。【「日本国際経済学会ニュース」2014年9月24日号参照】

4. 平成25（2013）年度小島清基金決算案について（追加議題）
　　神事直人理事（京都大学）より標記について説明があり，審議した結果，これを承認した。【「日本国際経済学会ニュース」2014年9月24日号参照】

5. 平成26（2014）年度事業案について

岩本武和会長（京都大学）より以下の通り説明があり，審議した結果，これを承認した．

（1）第4回春季大会開催（2014年6月7日　法政大学）
（2）第73回全国大会開催（2014年10月25・26日　京都産業大学）
（3）機関誌『国際経済（日本国際経済学会研究年報）』第65巻発行予定
（4）機関誌『The International Economy』Vol. 17, Vol. 18発行予定
（5）第9回小島清賞各賞及び第4回特定領域研究奨励賞（小田賞）の授賞
（6）韓国国際経済学会への研究者の派遣

6. 平成26（2014）年度一般会計予算案について

神事直人理事（京都大学）より標記について説明があり，審議した結果，これを承認した．【「日本国際経済学会ニュース」2014年9月24日号参照】

7. 平成26（2014）年度特別事業活動基金予算案について

神事直人理事（京都大学）より標記について説明があり，審議した結果，これを承認した．【「日本国際経済学会ニュース」2014年9月24日号参照】

8. 内規の改正について

神事直人理事（京都大学）より標記について，「全国大会運営」内規の改正が報告された．【「日本国際経済学会ニュース」2015年1月14日号参照】

9. 新入会員の発表について

岩本武和会長（京都大学）より標記について，2014年6月7日の第1回理事会において29名の個人の入会と1名の個人の再入会，当日の第2回理事会において11名の個人の入会と1名の個人の再入会の申し込みが承認されたとの報告があった．【「日本国際経済学会ニュース」2014年9月24日号および2015年1月14日号参照】

10. 日本経済学会連合評議員の選出について

標記について岩本武和会長（京都大学）より説明があり，第23期［任期2014年4月～2017年3月］の日本経済学会連合評議員として，前期からの継続で馬田啓一常任理事（杏林大学）と浦田秀次郎監事（早稲田大学）を選出したことが報告された．

11. 幹事の追加について

標記について岩本武和会長（京都大学）より西山博幸氏（兵庫県立大学）を幹事として追加任命したことが報告された．

12. 第9回日本国際経済学会小島清賞研究奨励賞および優秀論文賞の受賞者の発表について

岩本武和会長（京都大学）より標記について，研究奨励賞には中西訓嗣氏（神戸大学）が選考され，優秀論文賞は該当者なしとの発表があった。【「日本国際経済学会ニュース」2015年1月14日号参照】
13. 第4回日本国際経済学会特定領域研究奨励賞（小田賞）の受賞者の発表について
　岩本武和会長（京都大学）より標記について，柳瀬明彦氏（名古屋大学）が選考されたとの発表があった。【「日本国際経済学会ニュース」2015年1月14日号参照】
14. 平成26年度韓国国際経済学会派遣研究者について
　岩本武和会長（京都大学）より標記について，大東一郎氏（慶應義塾大学），寳多康弘氏（南山大学），森田忠士氏（近畿大学）の3氏を派遣することが発表された。【「日本国際経済学会ニュース」2015年1月14日号参照】
15. その他
　岩本武和会長（京都大学）より寺町信雄委員長をはじめとする第73回全国大会準備委員会及び開催校である京都産業大学のスタッフに対して謝辞が述べられた。

会員総会（第73回全国大会第2日）
　日本国際経済学会第73回全国大会第2日の会員総会（開催日時：2014年10月26日（日）13：00–13：20，場所：京都産業大学　5号館3階5303教室）は，当日昼食時に開かれた理事会の提案議事に従い，石川城太副会長（一橋大学）を議長として開催され，以下の承認・発表が行われた。
1. 新会長の発表について
　岩本武和前会長（京都大学）より，理事会において石川城太副会長（一橋大学）が新会長に選任されたとの発表があった。
2. 新副会長の発表について
　石川城太会長（一橋大学）より，理事会において中西訓嗣理事（神戸大学）が新副会長に選出されたとの発表があった。
3. 特命理事の発表について
　石川城太会長（一橋大学）より，柴山千里氏（小樽商科大学），趙来勲氏（神戸大学）の2氏を特命理事に指名したとの発表があった。また，今後，特命理事を追加する可能性があるとの説明があった。
4. 新常任理事の発表について
　石川城太会長（一橋大学）より，青木浩治理事（甲南大学），馬田啓一理事（杏林大学），浦田秀次郎理事（早稲田大学），遠藤正寛理事（慶應義塾大学），岡本久之理

事（兵庫県立大学），近藤健児理事（中京大学），櫻井公人理事（立教大学），中本悟理事（立命館大学），春名章二理事（岡山大学），古沢泰治理事（一橋大学）の10氏に常任理事を委嘱したとの発表があった。

5．新幹事の発表について

　石川城太会長（一橋大学）より，伊藤恵子氏（専修大学），乾友彦氏（学習院大学），川野祐司氏（東洋大学），清田耕造氏（慶應義塾大学），澤田康幸氏（東京大学），芹澤伸子氏（新潟大学），古川純子氏（聖心女子大学）（以上，関東支部所属），太田代幸雄氏（南山大学），川端康氏（名古屋市立大学），伊澤俊泰氏（名古屋学院大学）（以上，中部支部所属），伊田昌弘氏（阪南大学），川越吉孝氏（京都産業大学），斉藤宗之氏（奈良県立大学），柴田孝氏（大阪商業大学），立石剛氏（西南学院大学），西山博幸氏（兵庫県立大学），松永達氏（福岡大学），丸山佐和子氏（神戸大学）（以上，関西支部所属）の18氏に幹事を委嘱すること，ならびに清田耕造幹事（慶應義塾大学）に常任幹事を委嘱したとの発表があった。また，今後，幹事を追加する可能性があるとの説明があった。

6．新監事の決定について（審議事項）

　石川城太会長（一橋大学）より，小川英治氏（一橋大学），柳原光芳氏（名古屋大学），広瀬憲三氏（関西学院大学）の3氏を監事とすることが提案され，審議の結果これを承認した。

7．新本部事務局の発表について

　石川城太会長（一橋大学）より，大東一郎理事（慶應義塾大学）研究室を新本部事務局とするとの発表があった。

8．新本部業務の役割分担について

　石川城太会長（一橋大学）より標記について，後日決定し「日本国際経済学会ニュース」を通じて発表することとした。【「日本国際経済学会ニュース」2015年1月14日号参照】

9．第5回春季大会（2015年）の開催機関について

　石川城太会長（一橋大学）より標記について，阪南大学を開催機関とすることが発表された。春季大会準備委員会委員長井上博理事（阪南大学）より挨拶があった。【「日本国際経済学会ニュース」2015年1月14日号参照】

10．第74回全国大会（2015年）の開催機関について

　石川城太会長（一橋大学）より標記について，開催機関は調整中であり，後日決定し「日本国際経済学会ニュース」を通じて発表することとした。【「日本国際経済学会

ニュース」2015 年 1 月 14 日号参照】
11. 第 74 回全国大会「プログラム委員会」の委員長の発表について

　　石川城太会長（一橋大学）より標記について，蓬田守弘理事（上智大学）を委員長に任命するとの発表があった。他の委員については，後日指名の上「日本国際経済学会ニュース」を通じて発表することとした。【「日本国際経済学会ニュース」2015 年 1 月 14 日号参照】
12. 「小島清基金運営委員会」の委員長および委員の発表について

　　石川城太会長（一橋大学）より，小島清基金運営委員会の委員長に岩本武和前会長（京都大学）を，委員に阿部顕三顧問（大阪大学），浦田秀次郎常任理事（早稲田大学），大川昌幸氏（立命館大学），神事直人理事（京都大学），多和田眞氏（愛知学院大学），古沢泰治常任理事（一橋大学）の 6 氏を任命すること，ならびに神事直人理事（京都大学）に事務局長を委嘱することが発表された。
13. 「特定領域研究奨励賞（小田賞）審査委員会」の委員長および委員の発表について

　　石川城太会長（一橋大学）より標記について，石川城太会長（一橋大学）が委員長に就任し，冨浦英一理事（横浜国立大学），近藤健児常任理事（中京大学），春名章二理事（岡山大学）の 3 氏を同委員会の委員に委嘱することが発表された。
14. 顧問の就任依頼について

　　石川城太会長（一橋大学）より，理事会において岩本武和前会長（京都大学）が顧問に推挙され，承認されたとの報告があった。
15. その他

　　第 73 回全国大会実行委員会委員長寺町信雄特命理事（京都産業大学）より挨拶があった。

会　報

【役員名簿】（2014 年 10 月～2016 年 10 月）

会長（定員 1 名）
　　石川　城太（一橋大学）

副会長（定員 1 名）
　　中西　訓嗣（神戸大学）

常任理事（定員 10 名）
　　青木　浩治（甲南大学）　　　　　馬田　啓一（杏林大学）
　　浦田秀次郎（早稲田大学）　　　　遠藤　正寛（慶應義塾大学）
　　岡本　久之（兵庫県立大学）　　　近藤　健児（中京大学）
　　櫻井　公人（立教大学）　　　　　中本　　悟（立命館大学）
　　春名　章二（岡山大学）　　　　　古沢　泰治（一橋大学）

理事（定員 24 名）
　　石田　　修（九州大学）　　　　　板木　雅彦（立命館大学）
　　井上　　博（阪南大学）　　　　　大川　良文（滋賀大学）
　　郭　　洋春（立教大学）　　　　　上川　孝夫（横浜国立大学）
　　小森谷徳純（中央大学）　　　　　神事　直人（京都大学）
　　妹尾　裕彦（千葉大学）　　　　　大東　一郎（慶應義塾大学）
　　高橋　信弘（大阪市立大学）　　　武智　一貴（法政大学）
　　竹野　忠弘（名古屋工業大学）　　冨浦　英一（横浜国立大学）
　　内藤　　巧（早稲田大学）　　　　中嶋　慎治（松山大学）
　　鳴瀬　成洋（神奈川大学）　　　　新岡　　智（関東学院大学）
　　蓮見　　雄（立正大学）　　　　　東田　啓作（関西学院大学）
　　増田　正人（法政大学）　　　　　椋　　　寛（学習院大学）
　　柳瀬　明彦（名古屋大学）　　　　蓬田　守弘（上智大学）

特命理事
　　柴山　千里（小樽商科大学）　　　伊藤　恵子（専修大学）
　　趙　　来勲（神戸大学）

監事（若干名）
　　小川　英治（一橋大学）　　　　　柳原　光芳（名古屋大学）
　　広瀬　憲三（関西学院大学）

幹事（定員約20名，＊印は常任幹事）
【関東支部】
　　伊藤　萬里（専修大学）　　　　　乾　　友彦（学習院大学）
　　川野　祐司（東洋大学）　　　　　清田　耕造＊（慶應義塾大学）
　　澤田　康幸（東京大学）　　　　　芹澤　伸子（新潟大学）
　　古川　純子（聖心女子大学）
【中部支部】
　　伊澤　俊泰（名古屋学院大学）　　太田代（唐澤）幸雄（南山大学）
　　川端　　康（名古屋市立大学）
【関西支部】
　　伊田　昌弘（阪南大学）　　　　　川越　吉孝（京都産業大学）
　　斉藤　宗之（奈良県立大学）　　　柴田　　孝（大阪商業大学）
　　立石　　剛（西南学院大学）　　　西山　博幸（兵庫県立大学）
　　松永　　達（福岡大学）　　　　　丸山佐和子（神戸大学）

顧問
　　渡辺福太郎（学習院大学名誉教授）　本山　美彦（大阪産業大学）
　　池間　　誠（一橋大学名誉教授）　　井川　一宏（京都産業大学）
　　大山　道広（慶應義塾大学名誉教授）関下　　稔（立命館大学）
　　田中　素香（中央大学）　　　　　　阿部　顕三（大阪大学）
　　木村　福成（慶應義塾大学）　　　　岩本　武和（京都大学）

出版委員会
　　委員長　　古沢　泰治（一橋大学）
　　副委員長　近藤　健児（中京大学）
　　委員　　　青木　浩治（甲南大学）　　　石田　　修（九州大学）
　　　　　　　浦田秀次郎（早稲田大学）　　大川　昌幸（立命館大学）
　　　　　　　小川　英治（一橋大学）　　　櫻井　公人（立教大学）

会 報

	中條　誠一（中央大学）	中本　悟（立命館大学）
	東田　啓作（関西学院大学）	藪内　繁己（愛知大学）
幹事	澤田　康幸（東京大学）	柴田　孝（大阪商業大学）

小島清基金運営委員会
　　委員長　　岩本　武和（京都大学）
　　委員　　　阿部　顕三（大阪大学）　　　　浦田秀次郎（早稲田大学）
　　　　　　　大川　昌幸（立命館大学）　　　神事　直人（京都大学）〈事務局長〉
　　　　　　　多和田　眞（愛知学院大学）　　古沢　泰治（一橋大学）

特定領域研究奨励賞（小田賞）審査委員会
　　委員長　　石川　城太（一橋大学）
　　委員　　　冨浦　英一（横浜国立大学）　　近藤　健児（中京大学）
　　　　　　　春名　章二（岡山大学）

その他日本国際経済学会関係者
日本経済学会連合評議員　　馬田　啓一（杏林大学）　　　　浦田秀次郎（早稲田大学）

【役員の業務分担】（◎印は責任者）

	【関東支部】	【中部支部】	【関西支部】
本部関係			
<総務担当>			
常任理事	◎遠藤　正寛	近藤　健児	岡本　久之
理事	郭　洋春		神事　直人
	大東　一郎		
幹事			斉藤　宗之
ニュース・HP			
常任理事	◎櫻井　公人		
理事	小森谷徳純	柳瀬　明彦	大川　良文
	内藤　巧		
幹事		川端　康	伊田　昌弘
			川越　吉孝

会員名簿

理事		◎鳴瀬　成洋		竹野　忠弘		板木　雅彦
		妹尾　裕彦				高橋　信弘

＜財務担当＞

常任理事		◎冨浦　英一				青木　浩治
理事		椋　　　寛		柳瀬　明彦		
幹事		清田　耕造				

＜編集・出版担当＞

常任理事		◎古沢　泰治		近藤　健児		石田　　修
理事						東田　啓作
幹事		澤田　康幸				柴田　　孝

＜企画・渉外担当＞

常任理事		◎馬田　啓一				中本　　悟
特命理事		柴山　千里				趙　　来勲
		伊藤　恵子				
理事		新岡　　智		竹野　忠弘		春名　章二
		増田　正人				
		蓮見　　雄				

＜監査＞

監事		◎小川　英治		柳原　光芳		広瀬　憲三

支部関係

常任理事		◎浦田秀次郎		近藤　健児		
理事		武智　一貴				井上　　博
		蓬田　守弘				中嶋　慎治
		上川　孝夫				
幹事		乾　　友彦		太田代（唐澤）幸雄		立石　　剛
		川野　祐司		伊澤　俊泰		西山　博幸
		芹澤　伸子				松永　　達
		古川　純子				丸山佐和子
		伊藤　萬里				

会　報

《各支部の活動報告》

【関東支部】

◎定例研究会

 日時 2014 年 11 月 15 日（土）　午後 2 時～5 時

 会場 東洋大学白山キャンパス 5 号館 3 階 5310 教室

 報告 1 Protection for Sale in a General Oligopolistic Equilibrium (GOLE) Framework

                 Olivia Quek（東京大学大学院）

 報告 2 自由貿易協定の原産地規則と FDI を通じた技術スピルオーバー：国際複占競争モデルによる分析   溝口　佳宏（帝京大学）

◎定例研究会

 日時 2014 年 12 月 20 日（土）　午後 2 時～5 時

 会場 東洋大学白山キャンパス 5 号館 3 階 5310 教室

 報告 1 Do existing foreign affiliates help entry of new affiliates?

                  伊藤由希子（東京学芸大学）

 報告 2 ユーロ加盟と中東欧小国におけるカジノ資本主義の破綻―ラトヴィアとスロヴェニアの事例を中心に―   小山　洋司（新潟大学）

◎新春特別シンポジウム『2015 年世界経済の重要な論点』

 日時 2015 年 1 月 10 日（土）　午後 2 時～5 時

 会場 東洋大学白山キャンパス 5 号館 3 階 5310 教室

 報告 1 ウクライナ問題を契機とする EU エネルギー政策の発展と日本への示唆

                    蓮見　雄（立正大学）

 報告 2 海図なき領域を行く中央銀行の出口政策 加藤　出（東短リサーチ）

 報告 3 Local Currency Trade Settlement under the International Monetary System with the US Dollar as a Key Currency   小川　英治（一橋大学）

◎定例研究会

 日時 2015 年 4 月 18 日（土）　午後 2 時～5 時

 会場 東洋大学白山キャンパス 5 号館 3 階 5310 教室

 報告 1 オバマ政権期アメリカの産業構造と産業介入政策：産業構造動態・競争力 /個別産業政策・製造業回帰に関する一試論   山縣宏之（立教大学）

報告2　再生可能エネルギー補助金と相殺関税の経済分析―米中太陽電池貿易紛争の事例を中心に　　　　　　　　　　　　蓬田　守弘（上智大学）

◎定例研究会
　日時　2015 年 5 月 16 日（土）　午後 2 時～5 時
　会場　東洋大学白山キャンパス 5 号館 3 階 5310 教室
　報告1　Analytic Solutions to Models of Agglomeration and Related Numerical Approaches
　　　　　　　　　　　　　　　　　　　　　　　Michal Fabinger（東京大学）
　報告2　Mobile Capital, International Inequalities, and the Welfare Gains from Trade
　　　　　　　　　　　　　　　　　　　　　　　曽　　道智（東北大学）

◎定例研究会
　日時　2015 年 7 月 18 日（土）　午後 2 時～5 時
　会場　東洋大学白山キャンパス 5 号館 3 階 5310 教室
　報告1　Consumer Heterogeneity and Gains from Trade in Renewable Resource Trading: The Case of Both Resource-Good Consuming　　小川　　健（専修大学）
　報告2　メガ FTA の潮流と WTO の新たな役割　　　　馬田　啓一（杏林大学）

【中部支部】
◎冬季大会
　日時　2014 年 11 月 29 日（土）
　会場　名古屋大学大学院経済学研究科第 1 会議室
　報告1　Strategic Tariff Policy on Food under Foreign Food Inspection in a Food Importing Country　　　　　　　　　　　　　　沖本まどか（名古屋大学）
　報告2　Armington-Krugman-Melitz Trade Module in a CGE Model
　　　　　　　　　　　　　　　　　　　　　　　板倉　　健（中京大学）
　講演　　Dynamic Analysis of a Renewable Resource in a Small Open Economy: The Role of Environmental Policies for the Environment　　二神　孝一（大阪大学）
　講演　　Globalization and Domestic Operations: Applying the JC/JD Method to the Japanese Manufacturing Firms　　　　　　　木村　福成（慶應義塾大学）

会 報

◎春季ワークショップ
日時　2015年3月6日（金）
会場　中京大学　0806教室
特別講演　　Monetary Policy in China　Conglai Fan（Professor of Business School and Vice-President of Nanjing University）
報告1　Determinants of International-Conference Venues: from Data of Japanese Cities
　　　　　　　　　　　　　　　　　　　　　　　　　松原　聖（日本大学）
報告2　Privatization Neutrality Theorem when a Public Firm has Different Objectives than Welfare Maximization　濱田　弘潤（新潟大学）
報告3　A Shortest Route around the Diamond Paradox　佐橋　義直（大阪府立大学）
報告4　Liner Shipping Alliances and Antitrust Immunity　東田　啓作（関西学院大学）

◎春季大会
日時　2015年6月6日（土）
会場　名古屋学院大学名古屋キャンパス 白鳥学舎 希館403教室
報告1　国際混合寡占の政治経済学──公共選択的アプローチ
　　　　　　　　　　　　　　　　　　　　　　　　　國崎　稔（愛知大学）
報告2　Trade and Transportation in a Ricardian World　都丸　善央（中京大学）

【関西支部】
◎2014年度第3回研究会
日時　2014年9月20日（土）　午後3時〜5時
会場　関西学院大学大阪梅田キャンパス1408教室（アプローズタワー14階）
第1報告　Effects of the cross-country difference in the minimum wages on international trade, growth and unemployment
　　　　　　報告者　稲葉　千尋（神戸大学大学院経済学研究科博士後期課程）
　　　　　　討論者　Colin Davis（同志社大学国際教育インスティチュート）
第2報告　Recycling and environmental policies in the presence of green consumers
　　　　　　報告者　クーンセッド パチャリン（大阪大学大学院経済学研究科博士後期課程）
　　　　　　討論者　神事　直人（京都大学大学院経済学研究科）

◎ 2014 年度第 4 回研究会
　日時　2014 年 12 月 6 日（土）　午後 3 時～5 時
　会場　阪南大学あべのハルカスキャンパスセミナー室 2（ハルカス 23 階）
　第 1 報告　　Endougenous labor supply and international trade
　　　　　　　　　　　　　　　　　　　報告者　山本　和博（大阪大学）
　　　　　　　　　　　　　　　　　　　討論者　神事　直人（京都大学）
　第 2 報告　　A simple model of ongoing Chinese reforms under its dual labor market
　　　　　　　　　　　　　　　　　　　報告者　Laixun Zhao（神戸大学）
　　　　　　　　　　　　　　　　　　　討論者　青木　浩治（甲南大学）

◎ 2014 年度第 5 回研究会
　日時　2015 年 1 月 31 日（土）　午後 3 時～5 時
　会場　関西学院大学大阪梅田キャンパス 1408 教室（アプローズタワー 14 階）
　第 1 報告　　Container liner shipping alliances and leniensy programs
　　　　　　　　　　　　　　　　　　　報告者　東田　啓作（関西学院大学経済学部）
　　　　　　　　　　　　　　　　　　　討論者　川越　吉孝（京都産業大学経済学部）
　第 2 報告　　インド進出日系企業に関する予備的考察：2013–14 年アンケート調査
　　　　　　　を利用して　　報告者　佐藤　隆広（神戸大学経済経営研究所）
　　　　　　　　　　　　　　　　　　　討論者　福味　敦（兵庫県立大学経済学部）

◎ 2014 年度第 6 回研究会
　日時　2015 年 3 月 28 日（土）　午後 3 時～5 時
　会場　関西学院大学大阪梅田キャンパス 1408 教室（アプローズタワー 14 階）
　第 1 報告　　ブラジルの地域経済の発展と労働市場
　　　　　　　　　　　　　　　　　　　報告者　河合　沙織（神戸大学大学院国際協力研究科研究員）
　　　　　　　　　　　　　　　　　　　討論者　藤森　梓（大阪成蹊短期大学）
　第 2 報告　　On the Nonequivalence of VIE and Import Subsidy
　　　　　　　　　　　　　　　　　　　報告者　小田　正雄（立命館大学経済学部）
　　　　　　　　　　　　　　　　　　　討論者　市野　泰和（甲南大学経済学部）

会 報

◎ 2015 年度第 1 回研究会
 日時 2015 年 5 月 30 日（土） 午後 3 時～5 時
 会場 阪南大学あべのハルカスキャンパスセミナー室（ハルカス 23 階）
 第 1 報告 保護貿易を求める業界団体による有権者への啓蒙活動（ゲーム理論的アプローチ）
      報告者 澤木 久之（岡山大学大学院社会文化科学研究科）
      討論者 市野 泰和（甲南大学経済学部）
 第 2 報告 Invoice Currency and Frequency of Import Transaction
      報告者 吉見 太洋（南山大学経済学部）
      討論者 五百旗頭真吾（同志社大学商学部）

◎ 2015 年度第 2 回研究会
 日時 2015 年 7 月 25 日（土） 午後 3 時～5 時
 会場 関西学院大学大阪梅田キャンパス 1005 教室（アプローズタワー 10 階）
 第 1 報告 ツーリズムと途上国経済：非貿易財産業における技術進歩に関する開発経済分析
      報告者 仲井 翔（兵庫県立大学大学院経済学研究科博士後期課程）
      討論者 斉藤 宗之（奈良県立大学地域創造学部）
 第 2 報告 開放経済の深化が失業率および物価に及ぼす影響：企業の異質性，Fair Wage，および需要の価格弾力性
      報告者 吟谷 泰裕（関東学院大学経済学部）
      討論者 杉山 泰之（福井県立大学経済学部）

【九州・山口地区研究会】
◎ 2014 年度第 1 回研究会
 日時 2014 年 9 月 12 日（金）14：00～17：30
 場所 西南学院大学東キャンパス 西南コミュニティセンター
 報告 1 台湾における最大富豪の女性企業家・王雪紅：経営の神様・王永慶の"反逆の娘"から VIA，HTC のオーナーへの道
      報告者 朝元 照雄（九州産業大学）
 報告 2 韓国化粧品産業の現状と課題―輸出・輸入の時系列変化からの一考察―
      報告者 朴熙成（福岡女学院大学）

◎2014年度第2回研究会
　　日時　2014年12月20日（土）13：00〜17:00
　　場所　九州産業大学2号館3階2W301教室
　　シンポジウム「台湾の企業と企業家の研究」
　　報告1　宏碁（エイサー）とその企業家施振栄
　　　　　　　　　　　　　　　　　　　　　報告者　小野瀬　拡（九州産業大学）
　　報告2　宏達国際電子（HTC）の勝利の方程式
　　　　　　　　　　　　　　　　　　　　　報告者　朝元　照雄（九州産業大学）
　　報告3　友達光電（AUO）の追随し続ける戦略の検証
　　　　　　　　　　　　　　　　　　　　　報告者　赤羽　　淳（横浜市立大学）

◎2014年度第3回研究会
　　日時　2015年3月28日（土）14：00〜17：30
　　場所　西南学院大学中央キャンパス　学術研究所1F　大会議室
　報告1　中国延辺朝鮮族自治州における外資誘致の現状と課題」
　　　　　　　報告者　鄭　　菊花（佐賀大学大学院）
　　　　　　　討論者　木幡　伸二（福岡大学）
　報告2　重慶モデルの検証─城鎮化及び都市農村格差間の関係に関する実証研究
　　　　　　　報告者　小原江里香（久留米大学）
　　　　　　　討論者　松石　達彦（久留米大学）
　講演　中国の社会改革についての一視角　講演者　木下　悦二（九州大学名誉教授）

◎2015年度第1回研究会
　　日時　2015年8月1日（土）14：00〜17:00
　　場所　西南学院大学東キャンパス　西南コミュニティセンター2階会議室
　　　　ミニシンポジウム「危機か回復か〜世界経済の現在をみる〜」
　報告1　ユーロ危機とECBの金融政策
　　　　　　　　　　　　　　　　　　報告者　伊豆　　久（久留米大学経済学部）
　報告2　反ケインズ政策と世界経済：米中構造を中心に
　　　　　　　　　　　　　　　　　　報告者　石田　　修（九州大学経済学部）
　報告3　アベノミクスは日本経済を回復させたのか
　　　　　　　　　　　　　　　　　　報告者　服部　茂幸（福井県立大学経済学部）

会　報

パネルディスカッション（15：45〜17：00）
伊豆　久（久留米大学経済学部），久保　彰宏（大阪市立大学経済学部），石田　修（九州大学経済学部），立石　剛（西南学院大学経済学部），服部　茂幸（福井県立大学経済学部），松永　達（福岡大学商学部）

【本部・各支部事務局所在地】
　【本部事務局】　日本国際経済学会　本部事務局
　　　　　　　　〒108–8345　東京都港区三田2–15–45
　　　　　　　　慶應義塾大学商学部　大東一郎研究室気付
　　　　　　　　Tel&Fax: 03–5418–6707（大東一郎研究室）
　　　　　　　　E-mail: head-office@jsie.jp
　【関東支部】　日本国際経済学会　関東支部事務局
　　　　　　　　〒102–8554　東京都千代田区紀尾井町7–1
　　　　　　　　上智大学経済学部　蓬田守弘研究室気付
　　　　　　　　Tel: 03–3238–3213（直通）
　　　　　　　　Fax: 03–3238–3086 事務室）
　　　　　　　　E-mail: m-yomogi@sophia.ac.jp
　【中部支部】　日本国際経済学会　中部支部事務局
　　　　　　　　〒467–8501　名古屋市瑞穂区瑞穂町山の畑1
　　　　　　　　名古屋市立大学大学院経済学研究科　川端康研究室気付
　　　　　　　　Tel: 052–872–5014
　　　　　　　　Fax: 052–872–5014
　　　　　　　　E-mail: jsie.chubu@gmail.com
　【関西支部】　日本国際経済学会　関西支部事務局
　　　　　　　　〒651–2197　兵庫県神戸市西区学園西町8–2–1
　　　　　　　　兵庫県立大学経済学部　西山博幸研究室気付
　　　　　　　　Tel: 078–794–5969（研究室直通）
　　　　　　　　E-mail: jsie-west@econ.u-hyogo.ac.jp
　【日本国際経済学会ホームページ】　http://www.jsie.jp/

【学協会サポートセンター】
　　　　〒231–0023　横浜市中区山下町194–502
　　　　Tel: 045–671–1525　Fax: 045–671–1935
　　　　E-mail: scs@gakkyokai.jp
【学協会サポートセンターホームページ】　http://www.gakkyokai.jp/

日本国際経済学会　会則

［1950 年 6 月 2 日制定，略，1994 年 10 月 16 日改正，2000 年 10 月 22 日改正，2001 年 10 月 20 日改正，2003 年 10 月 5 日改正，2008 年 10 月 11 日改正，2010 年 10 月 16 日改正］

（名称）
第 1 条　本会は日本国際経済学会 The Japan Society of International Economics と称する。
（目的）
第 2 条　本会は国際経済の理論，政策，実情に関する研究およびその普及をはかることを目的とする。
（事業）
第 3 条　本会は研究報告会，シンポジウム等の開催，機関誌および出版物の刊行，内外学会の連絡，その他本会の目的を達成するために適当と認められる諸事業を行う。
（会員）
第 4 条　本会に入会しようとする者は，本会の目的とする研究に従事する者（大学院博士課程または同後期課程在籍者を含む）で，会員 1 名の推薦により所定の申込書をもって理事会に申込み，その承認を得なければならない。
　2　会員は所定の会費を納入しなければならない。
　3　会員は研究報告会，シンポジウム等に出席し，また機関誌の配布を受け，これに投稿することができる。
（維持会員）
第 5 条　本会の目的に賛同し事業の達成を援助するため，所定の維持会費を納入する法人を維持会員とする。
　2　維持会員は本会出版物の配布を受け，維持会員の法人に所属する者は，本会の研究報告会，シンポジウム等に出席できる。
（会費）
第 6 条　本会の会費は次の通りとする。
　　　　正会員　　　　　年九千円
　　　　学生会員　　　　年五千円
　　　　法人維持会員　　年一口（三万円）以上
　2　継続して 3 年間会費の払込みがない場合，会員資格を失うものとする。

（役員）

第7条　本会の会務執行のため理事若干名，会計監査のため監事若干名を置く。
  2　本会を代表するため会長1名を置く。会長は理事会において構成員の互選により選任される。
  3　会長の職務を補佐するため副会長1名を置く。副会長は理事会において構成員の互選により選任される。
  4　常務執行のため常任理事若干名を置く。常任理事は理事の中から会長が委嘱する。
  5　理事会は，研究報告会等の開催，機関誌の編集発行，会員名簿の整備，会計等の日常会務を補助するため会員の中から幹事若干名を委嘱し，その中の1名を本部常任幹事とする。
  6　本会に顧問を置く。理事長または会長の経験者を顧問とする。
  7　理事として選出理事と特命理事を置く。選出理事の選出は，会員による直接選挙をもって行う。その選出方法の詳細は別に定める内規に準拠する。特命理事は，会長が若干名指名する。
    選出理事，特命理事の任期は1期2カ年とする。重任を妨げない。ただし，会長および副会長の任期は2期を超えないものとし，原則として1期とする。
  8　監事の選任は，会長が候補者を選考し，会員総会において決定する。
    監事の任期は1期2カ年とする。重任を妨げない。

（理事会）

第8条　理事および監事を理事会構成員とする。
  2　会長は，理事会を主催する。
  3　理事会は，本会の事業および運営に関する事柄を企画立案して会員総会に諮り，または報告しなければならない。
  4　理事会は，原則として毎年1回開催する。ただし，必要に応じて，会長は年複数回の理事会を招集することができる。
  5　理事会は，理事会構成員の過半数の出席（委任状を含む）により成立する。
  6　理事会の決定は，出席者の過半数の同意があったときとする。賛否同数のときは，会長が決定する。
  7　本会の事務執行に必要な細目は理事会がこれを定める。
  8　理事会が特に必要とする場合には，幹事は意見を述べることができる。
  9　顧問は理事会に出席し，求めに応じて意見を述べることができる。
  10　日本国際経済学会から推薦された日本経済学会連合評議員が日本国際経済学会の

理事会構成員でない場合には，日本経済学会連合に関する活動報告および関連する問題の討議のため，理事会への出席を要請する。

（会員総会）

第9条　本会は毎年1回会員総会を開く。理事会が必要と認めたときは，臨時会員総会を開くことができる。

2　会員総会の議長は，その都度会員の中から選出する。

3　会員総会は，本会の事業活動の決定，決算・予算の審議確定，監事の選任等を行うとともに，担当理事および監事から会務について報告を受ける。

4　会員総会における決定は，出席会員の過半数の同意があったときとする。可否同数の場合は議長の決定に従う。

（地方支部および地方支部役員会）

第10条　各地方支部は，その支部に属する理事，監事，幹事，顧問をもって構成する支部役員会を置き，支部の諸事業活動を行う。

2　新たに支部を設けるときには，支部規約を添付して理事会に申し出，承認をえなければならない。

（経費）

第11条　本会の経費は，会費，維持会費，補助金，寄付等により支弁する。

（会則の変更）

第12条　本会会則の変更は理事会で決定の上，会員総会の決議による。

（その他）

第13条　本会の事務所は理事会が定める。

2　本会の名誉を毀損する行為があると認知された場合，理事会の決定により当該会員を除名することがある。

3　学会本部および各地方支部はプライバシー保護のため，会員に関する記録は厳重に保管し，原則として会員名簿の貸出はしない。

「役員・本部機構」内規

［1994年10月16日決定，略，2003年10月5日改正，2010年7月17日改正］
［役員の種類］
1. 本会の役員
    1) 理事，監事，幹事，顧問を役員とする。理事の中から会長，副会長および常任理事を選任する。
    2) 理事および監事が理事会を構成する。
    3) 常任理事，理事，監事，幹事の人数は，理事会で審議した後，会員総会において決定される。
    4) 顧問以外の役員は，本部関係および各支部関係につき，それぞれの会務を分担する。
2. 会長
    1) 会長は，理事会において互選により決定される。互選は原則として副会長の会長としての信任投票の形で行う。
    2) 会長は，本会を代表してその会務を統括し，理事会では議長となる。
3. 副会長
    1) 副会長は，理事会において互選により決定される。
    2) 副会長は，会長を補佐し，会長に事故がある時は，その職務を代行する。
    3) 副会長は，原則として次期会長に選任される。
4. 理事・常任理事
    1) 理事として選出理事と特命理事を置く。
    2) 理事は，選出理事，特命理事ともに，正会員の中から選出・指名される。
    3) 選出理事の選出は，会員による直接選挙をもって行う。特命理事は，会長が指名する。特命理事は，理事会における正副会長の選任には関与できないが，それ以外の会務については選出理事と同等の資格を有するものとする。
    4) 常任理事は，理事の中より，会長が若干名を指名する。
    5) 常任理事および理事は，「常任理事・理事の職務分担内規」に定める会務および総会の議決する会務を執行する。
5. 監事
    1) 監事の選任は，会長が候補者を選考し，会員総会において決定する。
    2) 監事候補者は，正会員の中から選出される。

3）監事は，理事会における正副会長の選任には関与できないものとする。
4）監事は，本会の会計を監査する。
6. 幹事
1）常任理事・理事の任務を補佐するため，幹事若干名をおく。
2）幹事は，正会員の中から，常任理事・理事の推薦により，会長が任命する。
3）会長は，幹事の任命について理事会に報告し，了承を得るものとする。
4）幹事は，理事会の要請があるとき理事会に出席し，意見を述べることができる。
7. 顧問
1）顧問は理事会において決定される。
2）会長経験者を顧問候補者とする。ただし，役員定年までであれば，会長経験者が理事・監事候補者に選ばれることは妨げない。
3）顧問は理事会に出席し，議長の求めに応じて意見を述べることができる。
4）顧問の身分は，本人からの申し出がない限り，終身とする。
8. 役員就任承諾書
1）役員を決定したときは役員就任承諾書を送付し，就任承諾の返事を求める。
2）所属機関における重職就任，海外出張，病気療養等のため，長期にわたって本会の職務を分担できない場合は，理事，監事，幹事の就任を遠慮していただくことを明記する。

［役員数］
1. 役員（顧問を除く）の人数は次の通りとする。

会長	1名
副会長	1名
常任理事	10名
＊理事（選出理事）	36名（会長，副会長および常任理事を含む）
＊理事（特命理事）	若干名
＊監事	若干名
常任幹事	1名
＊幹事	約20名

以上合計（＊印）約60名

2. 役員（顧問を除く）の支部別配分は，支部別の会員数のほか，支部活動に必要な基本的役員数，本部事務局の担当，等を考慮の上，関東，中部，関西の3支部役員会の合議によって決定する。

支部別選出理事数は，当面，関東20名，中部3名，関西13名とする。支部別常任理事数は，当面，関東5名，中部1名，関西4名とする。特命理事は支部別理事定員の枠外とする。支部別監事数は，各支部1名ずつとする。

3. 一機関の役員数

1) 同一機関からの選出理事は2名を上限とする。選出理事，監事，幹事を合わせ，原則として同一機関から2名を上限とする。

2) 本部事務局および支部事務局の担当機関については，選出理事，幹事（ただし，常任理事をのぞく）を合わせ，3名まで選出することができる。

3) 会長は正会員の中から特命理事を若干名指名することができる。特命理事は，本部事務局機関・全国大会主催機関としての業務を担ってもらうため，選出理事として女性・外国人が選出されなかったときの手当のため，地方・若手会員などとの情報・意見交換の必要性を満たすため，その他本会の活動上の必要性を満たすために，指名することができる。特命理事は，同一機関選出理事数限度枠にしばられない。また，役員改選年でないときでも指名することができる。その場合，任期は会長の任期に準ずるものとする。

[役員就任の年齢]

顧問を除く役員は，役員就任の際，その改選年の3月31日現在で65才未満の者とする。

[役員の任期]

1) 役員（顧問を除く）の任期は2年とする。

2) 会長および副会長の任期は，原則として1期2年とする。事情により再選されることができる。3選されることはできない。

3) その他の役員は，定年規定の範囲内で，重任できる。

4) 任期途中に選出された役員の任期は，当該任期の残存期間とする。

[役員の退任・補充]

1) 役員は，任期満了により退任する。（前出の [役員の任期] を参照）

2) その他，次の場合に任期途中の退任を認める。なお，退任の事実は速やかに，全役員に通知されなければならない。

　①役員から，公私のやむをえない理由により本学会での職務分担が不可能のため役員を辞退したい旨，文書により申出があった場合

　②役員が死去した場合

　③支部幹事校の移転にともなって幹事の交代が必要となる場合

3) 役員選考年でないときも，理事会構成員に欠員が生じた場合，これを補充す

ることができる。ただし，選出理事の補充は，別に定める内規にもとづき，直接選挙における次点得票者をもっておこなうこととする。

［理事会］

1. 理事会の開催と役割

理事会は，会長の招集により開催し，本会の目的の遂行に関する重要事項を審議する。

（1）次の事項については，総会の承認を必要とする。
 1）事業計画（研究報告全国大会，シンポジウム，講演会，機関誌発行，会員名簿発行，その他出版，内外学会との学術交流，学会記念事業，外国人学者招聘講演，等）
 2）予算
 3）決算
 4）顧問を除く役員の人数
 5）監事の選任
 6）年会費
 7）会則変更
 8）その他重要事項

（2）次の事項は，理事会が決定する。結果は，会員総会に報告する。
 1）入会者
 2）会長・副会長・常任幹事・幹事
 3）役員の職務分担
 4）各種の細則・内規・申合せ
 5）日本経済学会連合の補助事業への推薦者
 6）その他，会員総会の承認を要しない経常的業務

（3）次の職務につく者は，会長が指名する。
 1）日本経済学会連合評議員
 2）日本経済学会連合の英文年報の執筆者
 3）特命理事
 4）選出理事選挙の選挙管理委員

2. 決定方法

理事会の議決は，出席の理事会構成員の議決権（委任状を含む）の過半数によって決する。

3. 文書による決定の場合

緊急の決定を要する案件が生じた場合，会長は，文書で全理事会構成員に諮った上，過半数の賛同をえて決定することができる。ただし，理事会において追認をえなければならない。

[会員（個人および法人維持会員）]

入会資格等は，「会員資格」内規の定めるところによる。

[会員総会]

1) 会員総会は正会員によって構成される。
2) 総会は，次の事項を議決する。
   1. 事業計画および事業報告の承認
   2. 予算，決算の承認
   3. 顧問を除く役員の人数
   4. 監事の選任
   5. 年会費に関する事項
   6. 「特別事業活動基金」に関する事項
   7. 会則の変更に関する事項
   8. その他，理事会で必要と認めた事項
3) 通常総会は毎年1回開催する。理事会は必要と認めたときは，臨時総会を開催できる。
4) 総会の議決には，出席正会員の議決権の過半数の賛成を要する。

[事務局]

1. 本部事務局
   1) 本会に本部事務局を置く。
   2) 本部事務局の所在地は，理事会が定めるが，原則として会長が所属する機関とする。
   3) 本部事務局は，常任理事・理事若干名および幹事若干名で運営する。
   4) 本部事務局の出納を担当する幹事を「常任幹事」とよぶ。
2. 支部事務局
   1) 関東支部，中部支部，関西支部を置き，それぞれ支部事務局を置く。中部支部は愛知県，岐阜県，三重県，石川県，富山県，福井県の範囲とし，中部支部より東の地域を関東支部，西の地域を関西支部とする。
   2) 支部事務局は，各種の支部事業を行う。

会 報

「常任理事・理事の職務分担」内規

[1993年決定，1994年10月16日改正，2001年10月20日改正，2010年7月17日改正，
2012年10月13日改正]

[本部関係]

　常任理事・理事の職務分担は次のとおりとするが，各職務につき，常任理事若干名と理事若干名が協力して業務を遂行する。常任理事の1名が責任者となる。各責任者は，業務の繁忙程度によって幹事の増員を会長に依頼できる。

（a）総務担当
　　①理事会，会員総会における審議事項の整備
　　②各支部事務局との連絡
　　③名簿整備
　　④入会申込受付と資格チェック
　　⑤学会内外の諸通知
　　⑥学会記録
　　⑦学協会サポートセンターへの委託業務の管理
　　⑧機関誌掲載の会報記事
　　⑨日本経済学会連合評議員の選出事務
　　⑩日本経済学会連合の補助事業への推薦決定事務
　　⑪その他，総務に関することがら

（b）財務担当
　　①年会費徴収状況の把握
　　②収入管理
　　③支出管理
　　④決算書の作成
　　⑤予算案の作成
　　⑥監事への監査依頼
　　⑦その他，財務に関することがら

（c）編集・出版担当
　　①機関誌の発行（年2回）
　　②全国大会報告論文集め
　　③投稿論文の募集

④共同研究書の出版
　　　⑤世界経済研究協会との機関誌の発行部数・単価の相談
　　　⑥その他，編集・出版に関することがら
　(d) 企画・渉外担当
　　　①シンポジウム開催
　　　②講演会開催
　　　③外国人学者招聘講演
　　　④外国人学者招聘の交渉
　　　⑤共同研究
　　　⑥学会記念事業（出版，その他）
　　　⑦内外学会との学術交流
　　　⑧法人維持会員の開拓
　　　⑨その他
　(e) 全国大会（プログラム委員会）担当［任期1年］
　　　「全国大会運営」内規のうち，プログラム委員会に関する規定を実践する。
　(f) その他，記念事業等の大規模企画については，その都度担当を決める。
［支部関係］
　支部の研究報告・シンポジウム・講演会等の事業，および支部運営に関する諸会務を担当する役員若干名をおく。本部関係の職務を兼務することができる。
　職務分担は各支部の自主性に任せるが，一般的に，次のような職務がある。支部事務局は，総務および財務を兼務するものとし，場合によっては企画担当にも参加する。
　(a) 総務担当　　学協会サポートセンターへの依頼の如何にかかわらず，支部の研究報告会・大会／総会・シンポジウム・講演会等の通知。支部役員会の招集・議題・議事録，本部との連絡，等。
　(b) 財務担当　　決定した運営費を本部から受取り，支部活動に支出する。
　(c) 監査担当　　支部会計を監査。
　(d) 企画担当　　研究報告会，支部大会・総会，シンポジウム，講演会等のテーマ・報告者・討論者および会場の決定。
　(e) 全国大会担当　当該支部に全国大会開催機関が決定した場合，上記プログラム委員会の委員となる。

「出版委員会の役割」内規

[1994 年 10 月 15 日会員総会決定，2001 年 10 月 20 日改正，2004 年 10 月 10 日改正，
2010 年 7 月 17 日改正]

1. 出版委員会の設置
   (1) 機関誌および出版物の刊行に関する業務を行うため出版委員会を置く。
   (2) 出版委員会は，12 名の正会員で構成される。
   (3) 日本国際経済学会会長は，役員の中から出版委員会の委員長と副委員長を指名する。会長，委員長，副委員長が合議の上，残り 10 名の委員を指名する。
   (4) 委員指名の際には，前の期の出版委員会委員長および同副委員長を協議に加え，アドバイスを受けることができる。
   (5) 委員の任期は 2 年とする。事情により任期途中で交代することができる。任期途中での交代を希望する者は，委員長または同副委員長に申し出ることとする。
2. 出版委員会の組織
   (1) 委員長と副委員長のいずれか一方が機関誌 The International Economy の編集責任者となり，他方が『国際経済』の編集責任者となる。
   (2) 編集責任者の出版関連事務を補佐するため幹事 2 名をおく。
   (3) 投稿論文審査を行うため，編集責任者は，委員の中から審査責任者を選出する。
3. 出版委員会の役割
   (1) 出版委員会は，本部事務局と連携して，機関誌（The International Economy および『国際経済』）の発行に関わる以下の業務を行う。
      1) 機関誌に掲載する論文・記事等の決定および機関誌の編集。
      2) 全国大会共通論題報告者および共通論題討論者への原稿提出依頼。
      3) 投稿論文の募集および投稿の勧奨。
      4) 投稿論文の審査および採否の決定。
      5) 依頼論文を掲載する場合の執筆者の選定と執筆依頼。
      6) 会報記事等の執筆依頼。
      7) 印刷・編集会社との連絡。
      8) その他，機関誌の発行に関連して必要とされることがら。
   (2) 出版委員会は，日本国際経済学会の臨時の出版物の刊行に必要とされる業務を行う。

「投稿論文審査」内規

[1994 年 10 月 15 日会員総会決定,2000 年 10 月 21 日改正,2004 年 10 月 10 日改正,2010 年 7 月 17 日改正]

1. 編集責任者は,投稿を受け付けた論文(投稿論文)を審査に付すか否かについて決定する。
2. 編集責任者が明らかに審査に値しないと判断して不採択とした場合,その結果を速やかに投稿者に通知する。
3. 投稿論文を審査に付すことを決定した場合,編集責任者は,投稿論文のテーマ・内容に配慮しつつ,出版委員会委員の中から当該論文の審査を担当する審査責任者 1 名を選任する。
4. 審査責任者は,原則として 1 名の匿名の審査員を選任する。審査責任者は,審査員選任の結果を編集責任者に通知する。
5. 審査責任者は,審査員に対して,2 カ月を目処に所定の様式による「審査報告書」を提出するよう依頼する。
6. 審査責任者は,審査報告書の督促や論文原稿の手直しの要求等を含めて,審査過程における審査員および投稿者へのいっさいの連絡を担当する。
7. 審査責任者は,審査員から提出される「審査報告書」に基づいて所定の様式による「審査結果」をとりまとめ,編集責任者に送付する。当該「審査結果」は編集責任者が出版委員会の記録として保存し,次期出版委員会に引き継ぐ。
8. 編集責任者は,審査責任者より送付された審査結果に基づいて当該投稿論文の採否を決定する。また,決定の結果を速やかに投稿者へ採否の結果を通知する。
9. 審査に関するクレーム等に対しては,編集責任者と審査責任者とが連携して対処する。
10. 審査員および審査責任者に対して,担当した投稿論文 1 件ごとに謝礼を支払う。謝礼の金額については理事会において別途定める。
11. 投稿論文審査にかかる通信連絡費等の必要経費については,実費を支給する。

[注] 審査員および審査責任者への報酬は 1 人 1 万円とし,編集責任者からの通知を受けて本部事務局が支払う。通信連絡費等必要経費の実費については,審査員,審査責任者および編集責任者が自己の出費を領収書とともに本部事務局に通知し,本部事務局が各人に支払う。

会　報

「選出理事選考」内規

　［2003年10月5日会員総会決定，2012年10月13日改正，2013年10月12日改正］
［選挙による選出理事選任］
　1．選出理事は会員による直接選挙によって選任する。
［選挙権］
　1．正会員と学生会員は，選出理事選任のための選挙において選挙権を有する。
［被選挙権］
　1．選挙によって選任される選出理事は，役員改選年の3月31日時点で満65歳未満の正会員とする。
［選挙の方法］
　1．選挙は，全国を一区とした会員による無記名投票によっておこなう。
　2．各会員は，支部の所属を問わず，本学会における全国全ての正会員の中から8名を選んで投票する。
　3．総数で9名以上を記入した投票は全体を無効とする。また同一の者の複数記入については1票と計算する。被選挙権を有しない者への投票は無効とする。連記の定員に満たない投票はすべて有効とする。
　4．下に定める支部別選出理事数枠にそって，得票上位者から支部別に当選としていく。ただし，同一機関からの選出理事数は2名を上限とする。また，最下位者が同一得票の場合には抽選によって決定する。
　5．ただし，最低必要得票数を2票とし，それを下回る場合には当選としない。
［支部別選出理事数］
　1．支部別選出理事数は，支部別会員数と概ね比例配分とする。
　2．したがって，「役員・本部機構」内規にあるように，当面，関東20名，中部3名，関西13名とする。役員改選年の前年の理事会において，支部別選出理事数を確定する。
［選挙管理委員会］
　1．選挙は，会長の指名する選挙管理委員3名によって構成される選挙管理委員会によっておこなわれる。
　2．選挙管理委員会は，役員改選年の7月末までに選出理事選挙の作業を終え，その結果を会長に報告する。

［補充理事選考委員会］
1. 上の投票によって支部別理事の定員を充足できない場合は，補充理事選考委員会を設置し，合議によって理事を補足選考する。
2. 補充理事選考委員会は，支部別会員数に鑑み，当面，会長の指名する関東・関西支部所属の顧問各1名および支部別得票高位者の中から6名（関東3名，中部1名，関西2名）の合計8名からなるものとする。

［女性・外国人理事および特命理事］
1. 上の投票によって女性理事，外国人理事が選任されなかった場合には，会長が原則として各1名を特命理事として指名する。
2. その他の特命理事は，会長が選挙結果を考慮して，理事の地域間，世代間分布のバランス，その他，本会の活動上必要と認めた場合に指名する。
3. 特命理事は支部別理事定員の枠外とする。

［選出理事の補充］
1. 「役員・本部機構」内規にしたがって選出理事が就任を承諾しなかった場合，任期途中で退任した場合には，各支部別選出理事枠にしたがい，最低必要得票数を満たす次点の者を選出理事とする。
2. 補充された選出理事の任期は，退任選出理事の当初の任期の残存期間とする。

「全国大会運営」内規

［1991年10月12日会員総会決定，略，2005年10月16日改正，2012年10月13日改正，2014年10月25日改正］

1. 全国大会の開催希望の申出と開催機関の決定
   （1）開催希望機関は，学会本部へ毎年7月末までに申し込む。
   （2）開催機関の決定は，申し込みの有無にかかわらず理事会で行う。
2. 全国大会準備委員会の設置
   （1）開催機関に全国大会準備委員会を設置する。
   （2）全国大会準備委員会は，開催機関および開催地域支部の会員で構成する。
   （3）開催機関所属の理事1名を全国大会準備委員会の委員長とする。

3. 全国大会準備委員会の役割

全国大会準備委員会は以下の事項に関する作業を行う。
   (1) 全国大会会場の設営。
   (2) 全国大会プログラムの編集・印刷・発送等。
   (3) 全国大会報告要旨集の編集・印刷・発送等。
   (4) 全国大会運営に関連して行われる学会会員との諸連絡。
   (5) その他，全国大会運営に必要とされる事務。

4. プログラム委員会の設置
   (1) プログラム委員会を設置する。
   (2) プログラム委員会は，役員6名および一般の正会員若干名で構成し，前年度理事会において会長と開催機関責任者が合議の上指名する。
   (3) プログラム委員のうち1名は，開催機関から選出する。
   (4) 役員6名の委員は，開催地域支部から3名，その他の支部から3名とする。
   (5) プログラム委員会に委員長をおく。委員長は，前年度理事会において会長と開催機関責任者が合議の上，役員6名の委員の中から指名する。
   (6) プログラム委員会の中に，自由論題分科会に関する分野別の担当者をおく。

5. プログラム委員会の役割

プログラム委員会は以下の事項に関する決定を行う。
   (1) 共通論題のテーマ，報告者，コメンテーター，および座長。
   (2) 自由論題の分科会のテーマと数，報告者，コメンテーター，および座長。
   (3) 特別報告・日韓セッションの報告者，コメンテーター，および座長。
   (4) 全国大会プログラムの全体の構成。

6. 共通論題報告
   (1) プログラム委員会は，共通論題報告の申込者に対して，「報告概要（1,000字程度）」の提出を求める。
   (2) プログラム委員会は，共通論題報告の申込みの有無にかかわらず，国内外の研究者に対して共通論題報告あるいは特別報告を依頼できる。この場合，報告概要の提出は不要とする。
   (3) プログラム委員会は，本学会会員以外の研究者に共通論題報告に対するコメンテーターを依頼できる。

7. 自由論題報告
   (1) プログラム委員会は，自由論題の報告者数・分科会数を決定する際，分科会

数を適正に保つとともに，報告について十分な討論を保証するよう報告者数を調整する。
- (2) プログラム委員会は，自由論題報告の申込みの有無にかかわらず，正会員に対して自由論題報告を依頼できる。
- (3) プログラム委員会は，本学会会員以外の研究者に自由論題報告に対するコメンテーターを依頼できる。
- (4) 報告申込みにあたっては，「報告概要（1,000字程度）」の提出を求める。
- (5) 報告推薦は被推薦者の了承を得た上で行うこととする。

8. 学生会員の全国大会報告

学生会員は，指導教員または正会員からの推薦があり，プログラム委員会がそれを認めた場合には，全国大会報告が可能である。その場合，推薦者本人の了承を得た上で，報告申込の際に推薦者名を記載し，プログラムにも推薦者名を併記する。

「会員資格」内規

[2001年10月20日制定]

本会会則第4条，第5条，第6条に関して以下の内規を定める。

（会員の種類）

第1条　会員は，個人会員と法人維持会員とする。

第2条　個人会員は，正会員と学生会員とする。

第3条　学生会員は，学生の身分を有する者とする。

（入会資格）

第4条　個人会員への入会資格は，本会の目的とする研究に従事する次のものとする。
- (1) 大学等の教育・研究機関に勤務する者および勤務を経験した者
- (2) 大学院博士（後期）課程またはそれに準じる課程の在籍者および修了者
- (3) 企業・団体等に所属する研究者（少なくとも単独著・共著の研究論文は公表していること）
- (4) その他（所属を希望する支部役員会において (1)，(2)，(3) に準じる資格を有すると認められた者）

第5条　法人維持会員としての入会資格は，本会会則第5条に適合する法人とする。
（入会手続き）
第6条　入会を希望する個人は，本会所定の「入会申込書」を学会本部に提出する。
第7条　法人維持会員は，本会所定の「入会申込書」を学会本部に提出する際，申込み団体の概要を記載したパンフレット等を添付する。
（退会）
第8条　退会を希望する会員は，退会希望を文書などにより学会本部に通知しなければならない。
第9条　継続して3年間会費の払込みがない場合，会員資格を失うものとする。
（所属支部）
第10条　個人会員は支部に所属する。
第11条　所属機関の所在地と会員の住所が別の支部に分かれている場合，所属支部はそのどちらかを選択することができる。
第12条　中部支部は愛知県，岐阜県，三重県，富山県，石川県，福井県の範囲とし，中部支部より東の地域を関東支部，西の地域を関西支部とする。
（再入会）
第13条　再入会の申込みは「再入会」であることを明示しなければならない。
第14条　再入会希望者は，入会申込書に加えて，過去の退会時の未納会費を支払わなければならない。

「日本国際経済学会小島清基金の運営」

［2005年10月16日会員総会決定，2007年10月7日改正，2010年7月17日改正］

（小島清基金の設置）
1. 小島清顧問の寄付に基づき，日本国際経済学会内に小島清基金（以下「基金」という。）を設置する。
2. 基金は，日本国際経済学会小島清賞を授与することおよび国際経済の研究に資する事業として必要と認められたものを支援することを目的とする。
3. 日本国際経済学会内に小島清基金運営委員会を設置し，基金の運営にあたる。基金の管理は本部事務局において行う。

（日本国際経済学会小島清賞）
4. 日本国際経済学会小島清賞は，日本国際経済学会小島清賞研究奨励賞および日本国際経済学会小島清賞優秀論文賞とする。
5. 日本国際経済学会小島清賞研究奨励賞は，日本国際経済学会会員のうち国際経済に関する学術研究において特に優れた業績を上げた者であって，さらなる研究の奨励に値する者に対して授与する。
6. 日本国際経済学会小島清賞優秀論文賞は，日本国際経済学会会員であって，日本国際経済学会機関誌に掲載された論文のうち特に優れた論文の著者に対して授与する。
7. 受賞者には，賞状及び副賞を総会において授与する。副賞は，日本国際経済学会小島清賞研究奨励賞については100万円，日本国際経済学会小島清賞優秀論文賞については10万円とする。
8. 日本国際経済学会小島清賞の選考は毎年行う。
9. 日本国際経済学会小島清賞の選考は小島清基金運営委員会が行う。

（小島清基金運営委員会）
10. 小島清基金運営委員会は，日本国際経済学会小島清賞の選考その他基金による事業を実施する。
11. 小島清基金運営委員会の委員長は，直前の日本国際経済学会会長をもって充てる。
12. 委員は6名とし，日本国際経済学会会長および各支部役員会の意見を聴いて，委員長が任命する。
13. 委員長及び委員の任期は2年とする。
14. 小島清基金運営委員会に事務局を置く。事務局長は委員のうち1名を持って充て，委員長が委嘱する。
15. 小島清基金会計の収支決算を本部事務局において毎年行い，会員総会の承認を得る。
16. 小島清基金会計の監査は，日本国際経済学会の監事が担当する。
17. その他基金による事業の実施に必要な事項は運営委員会が定める。

会　報

廃止された内規等の記録

2010年10月16日の理事会において，以下の内規の廃止を決定した。

「投稿規定」内規　［機関誌 "The International Economy"］

2010年7月17日の臨時理事会において，以下3件の内規の廃止を決定した。
 1.「日本学術会議会員候補者・同推薦人の選出」内規
 2.「日本学術会議研究連絡委員・日本経済学会連合評議員等の選出」内規
 3.「科学研究費補助金の審査委員候補者の選出」内規

日本国際経済学会　出版委員会

委員長（*The International Economy* 編集責任者）
　　　　　　　　　　　　　　　古沢　　泰治（一橋大学）
副委員長（『国際経済』編集責任者）近藤　　健児（中京大学）
委員　　　　　　　　　　　　　　青木　　浩治（甲南大学）
　　　　　　　　　　　　　　　　石田　　　修（九州大学）
　　　　　　　　　　　　　　　　浦田秀次郎（早稲田大学）
　　　　　　　　　　　　　　　　大川　　昌幸（立命館大学）
　　　　　　　　　　　　　　　　小川　　英治（一橋大学）
　　　　　　　　　　　　　　　　櫻井　　公人（立教大学）
　　　　　　　　　　　　　　　　中條　　誠一（中央大学）
　　　　　　　　　　　　　　　　中本　　　悟（立命館大学）
　　　　　　　　　　　　　　　　東田　　啓作（関西学院大学）
　　　　　　　　　　　　　　　　藪内　　繁己（愛知大学）
幹事　　　　　　　　　　　　　　澤田　　康幸（東京大学）
　　　　　　　　　　　　　　　　柴田　　　孝（大阪商業大学）

日本国際経済学会機関誌　投稿規定

1. 日本国際経済学会の機関誌（『国際経済』と THE INTERNATIONAL ECONOMY）は，学会の会員だけでなく非会員からの投稿も受け付ける。ただし，『国際経済』に非会員の投稿論文が掲載される際には，投稿者は学会に入会しなければならない。
2. 投稿論文は原著論文で，本誌以外に投稿されていないもの，また本誌以外での出版予定のないものに限る。
3. 『国際経済』の使用言語は日本語，THE INTERNATIONAL ECONOMY の使用言語は英語とする。
4. 投稿論文の長さは，『国際経済』では，図・表，参考文献，注を含め 20,000 字以内とする。THE INTERNATIONAL ECONOMY では，ダブルスペース A4 で図・表，参考文献，注を含め 35 枚以内とする。
5. 投稿論文はワープロ原稿とし，原則として，PDF 形式にして e-mail で送付することとする。また，原稿（3 部）や電子媒体物（CD-ROM，USB メモリスティック等）の郵送も受け付ける。ただし，電子ファイルの破損等による不具合が生じても，日本国際経済学会はいっさいの責任を負わない。
6. 投稿は，日本国際経済学会機関誌投稿受付係にて，随時受け付ける。
7. 論文の掲載の可否については，匿名の審査委員による審査に基づき，出版委員会が決定する。
8. 投稿論文の審査料は不要とする。また，論文の掲載が決定した場合の掲載料も不要とする。
9. 投稿論文は，掲載の可否にかかわらず返却しない。
10. 機関誌に掲載された論文は，独立行政法人科学技術振興機構（JST）の電子ジャーナルプラットフォーム J-STAGE（https://www.jstage.jst.go.jp/browse/-char/ja/）の電子ジャーナル『国際経済』と THE INTERNATIONAL ECONOMY に登載される。
11. 機関誌に掲載された論文の著作権（複製権，公衆送信権を含む）は，日本国際経済学会に帰属する。

日本国際経済学会機関誌投稿受付係
電子メール：jsie-journal @ jsie.jp

　ハードコピー原稿や電子媒体物等での投稿の場合は，本部事務局宛にご郵送ください。最新の本部事務局連絡先は，学会ホームページ http://www.jsie.jp にてご確認いただけます。

日 本 国 際 経 済 学 会

本部　事務局
　　　　〒 108-8345　東京都港区三田 2-15-45
　　　　　　　　　　慶應義塾大学商学部
　　　　　　　　　　大東一郎研究室気付
　　　　電話 & FAX: 03-5418-6707（大東一郎研究室）
　　　　E-mail: head-office@jsie.jp
　　　　http://www.jsie.jp/index.html
会費徴収業務・会員管理業務
　学協会サポートセンター
　　　　〒 231-0023　横浜市中区山下町 194-502
　　　　　　　　　　学協会サポートセンター
　　　　　　　　　　電話: 045-671-1525
　　　　　　　　　　FAX: 045-671-1935
　　　　　　　　　　E-mail: scs@gakkyokai.jp

新段階を迎えた日本の グローバル化 —課題と展望—	国際経済　第 66 巻（日本国際経済学会研究年報）

平成 27 年 12 月 31 日　発　行

編　集　兼　　日 本 国 際 経 済 学 会
発　行　所
　　　　　　　〒108-8345　東京都港区三田 2-15-45
　　　　　　　　　　　　　慶應義塾大学商学部
　　　　　　　　　　　　　大東一郎研究室気付

印刷・製本　中西印刷株式会社
〒 602-8048　京都市上京区下立売通小川東入ル
　　　　　　電話 075-441-3155　　FAX 075-417-2050
発売　中西印刷株式会社出版部　松香堂書店
ISBN 978-4-87974-695-5